"更好的班主任"丛书

更好的心理健康课

赵福江 主编

上海教育出版社
SHANGHAI EDUCATIONAL PUBLISHING HOUSE

本书编委会

主　　编　赵福江

执行副主编　魏　强　陈秀娣

副 主 编　魏　强　杨丙涛　周　芳　赵敏霞　刘京翠

编　　委　赵福江　魏　强　周　芳　赵敏霞　杨丙涛　陈秀娣　卞　京　曲怀志　刘京翠　李　月　师婧璇　顾　军

CONTENTS

目录

第一辑

把快乐的钥匙交给学生

第二辑

让错误认知转个弯儿

第三辑

坦然面对那份纯真的情怀

第四辑

顺应自然，悦纳自我

第五辑

告别焦虑，培养良好心态

前　言

新时代对班主任提出了新要求。

这些新要求主要有四个方面，分别是先进的班级观、正确的差异观、清晰的协同观和自觉的学习观。它们都指向同一个目的——让每个学生变得“更好”。这也是“更好的班主任”这套丛书的出版宗旨。

“更好的班主任”丛书包括《更好的班级管理智慧》《更好的班会课》《更好的心理健康课》《更好的学生教育策略》《更好的家校沟通策略》五本，涵盖班主任工作的主要方面，里面全是优秀班主任的实操经验和技术窍门，用丰富多样的典型案例，为新时代班主任提供系统的修炼指南。

第一，示范先进的班级观。教育的根本任务是立德树人。在这套丛书中，我们欣喜地看到许多班主任拥有先进的班级观，他们有的将班级比喻为社会，有的比喻为家庭，有的比喻为一个以任务为核心的团队。在《更好的班级管理智慧》中，我们可以看到优秀班主任们将立德树人这一根本任务落实在班级日常工作中，发挥个性特长，维护集体荣誉，形成了独具特色的带班方略，创建了极有魅力的优秀班级。

第二，认真践行正确的差异观。班主任带班，首要任务是尽快使班级学生形成集体，把集体建设成为一个学生勤奋学习、愉快合作、健康成长的团队。实现这一目标的前提是正确认识和理解学生间天然存在的差异，正确理解学生之间的不同特征等。个体指导须在对个体理解的基础上开展，集体建设也须在理解个体与个体之间关系的基础上开展。在《更好的学生教育策略》中，我们看到了很多班主任践行正确的差异观，实现了因材施教。

第三，保持清晰的协同观。这些优秀的班主任清晰地认识到，家庭环境和社区（社会）环境是学生成长的重要影响因素，有时这些环境的影响力甚至超过学校教育。他们还清晰地认识到，家庭和社区（社会）的影响可以通过一定的方式实现与学校教育的统一。二者的统一就是“协同”。《更好的家校沟通策略》中就有很多家校协同成功育人的精彩故事。

第四，强化自觉的学习观。班主任的自觉学习习惯会对学生产生潜移默化的深刻影响。在班级建设过程中，班主任要有一整套基于自己经验和学习获得的想法、主意、建议和见解，以便引导学生向着正确的方向成长。要带好班，班主任要不断掌握带班技术，不断提升带班能力，不断积累带班智慧。这来自坚持学习的习惯和自觉学习的精神，即来自自觉的学习观。在《更好的班会课》《更好的心理健康课》中，大家能充分感受到“自觉学习”的重要意义。

总之，这套丛书的内容，有些班主任拿来就能用，有些可供班主任参阅思考。新时代班主任，可以从这套丛书中读出到底该秉持怎样的班级观、差异观、协同观和学习观，究竟应该以怎样的方式把学生的想法放在重要位置，并充分发挥学生的想象力和创造力。

全国知名班主任研究专家　耿　申

第一辑

把快乐的钥匙交给学生

巧用心理辅导技术为学生心灵解码

心理学家勒温（Lewin）认为，人是生活在一个“场”中的，人的心理现象具有空间的属性，因此人的心理活动也是在一种“心理场”中进行的。教师如何为孩子们营造一个“快乐场”？在平时的教育实践中，笔者坚持的理念是“让每个学生把握自己快乐的钥匙”。

一、照照快乐魔镜——学会积极暗示

小绮是本学期新插班进来的，个子较高，微胖。性格内向，不爱说话，即使与人说话，也总是低着头，不敢看人。课堂上，我曾几次用眼光暗示她大胆些，作业本上也多次用评语鼓励她，可她依然不爱说话。

在温馨的“心语小屋”里，在我的鼓励下，小绮开始了叙述：转校时，爸妈就告诉她，这是全市最好的一所学校，教学质量最好，老师要求也很严格，学生中“小能人”很多。并反复叮嘱她，到了新学校后一定要加倍努力学习，千万不能落后。可是，刚到新学校，小绮对一切都不习惯。她觉得这里的同学都好优秀，自己没有特长，长得又不漂亮，所以觉得同学肯定不喜欢自己。她感到好孤单，好失落。她非常留恋原来的学校，想念原来的伙伴，怀念原来那种被人赞美的感觉。

小绮在适应新环境时出现了焦虑情绪。她在原来的学校上课发言积极，经常受到老师的肯定，得到同学们的赞赏，与现在形成了一定的反差，因此她失去了信心，并有深深的失落感，感到焦急又无能为力。这种负面情绪已影响到她的学习状态和同伴交往了。

我觉得这时候任何空洞的鼓励和安慰都可能是苍白的。于是，我给她讲了个小故事。

珍妮是个总爱低着头的小女孩，她一直觉得自己不漂亮。有一天，她到饰品店去买了一只绿色的蝴蝶结，随即戴在了头上。店主赞美她戴上蝴蝶结后很漂亮。珍妮虽不信，但是挺高兴，不由得挺起了胸，昂起了头。由于她急着回学校让老师和同学们看看，结果在出店门时与人撞了一下，蝴蝶结被撞掉了，但她不知道。珍妮来到学校，刚走进教室，正好碰到她的老师，老师说："珍妮，你真美！"那一天，她得到了许多人的赞美。她想一定是蝴蝶结的功劳。可她回家照镜子时才发现，头上根本就没有蝴蝶结。

听完故事小绮若有所悟。我让她说说自己的兴趣爱好、得意的事，并且真诚地夸奖她笑起来很美。我告诉她，有了自信，她脸上都会发光呢。看她喜滋滋地离开"心语小屋"，我信心满怀。后来的日子里，正如我所期待的那样，小绮的笑容多了，举手的次数多了，得到其他学科老师的表扬也多了，与同学的交往也更和谐了。这就是积极暗示带来的效应。

心灵解码：心理暗示有负面和正面之分，负面的心理暗示会让人心情黯淡，郁闷自卑；正面的心理暗示能使人心情放松，感到浑身充满了向上的活力，在孩子的成长过程中至关重要。

在平时教育学生的过程中，我们就应该多给予学生积极的暗示。数学课上，老师一句"你的思维真独特，算式真简便"就有可能激发学生学习数学的热情；作文课上，老师一句"我觉得你具有写作天赋，好好写，相信你一定会写出更精彩的作品"就可能引导学生步入写作的殿堂；在学校运动会上，一句"运动场上的你，仿佛充满了使不完的能量，你是我们学校的刘翔"就可能让学生的每一个细胞都活跃起来。教师的人际影响、榜样力量、与学生之间的信任程度以及感染力等对学生是客观实在的态度暗示。笔者认为，教师除了对孩子多一些语言和行动上的积极暗示外，平时自己首先要有阳光的心态，因为你就是引领孩子快乐的辐射源！

二、开启快乐魔盒——合理宣泄情绪

接班时，我注意到一个叫骆骆的女孩，她外表坚强，甚至有点儿野蛮，可她居然很爱哭。有时候，你都不知道是怎么回事儿，她就“哇”的一声号啕大哭起来，你都不知道如何安慰她。这样的哭号有点儿频繁，我也曾一度备感困扰。不过，你别以为她很懦弱，我曾看到她拿着书本把男生追赶得“走投无路”，曾看到她武松打虎般跟男生扭打在一起的情形，一些男生一提她的名字便“闻风丧胆”，暗地里叫她“母老虎”。

可就是这个连男生都避让三分的“野蛮女生”，也有温柔的时候。她曾在日记中这样写她的鹦鹉“虎皮”：“唉，这已经是我养的第六只了。我伤感地清洗笼子，心想：你再也用不上这笼子了。我把笼子放在阳台上，期望它能回来一次。第二天早上，我听见鹦鹉的叫声，它回来了……”情感之细腻，笔墨之老练，令人沉浸其中而为之动容。

突然间，我找到破译她情绪的密码了。我想，对一个多愁善感、情绪善变的孩子来说，哭也可能是宣泄情绪的一种办法。那么，还有比哭更好的办法吗？我想到了参加培训时专家提到的“用心灵故事打开情绪宣泄渠道”的方法。这不正对她的特长吗？

心灵故事的撰写行动开始了。我颇感兴趣地打开骆骆的日记本：

我该怎么办

最近一个星期，我的眼睛负担有点儿重。看书、写作业是一方面，但有一个原因不能忽视——我经常一个人偷偷地哭。

以前去“心语小屋”咨询过，老师说这是正常的心理变化。过去我只在孤独或碰上伤心事时哭，可最近我借了一本动物小说，里面讲了一只有眼泪的土鸡，还有一些悲凉伤心的小故事。每次看到结局，我都感到悲伤，虽然我知道哭不可能让故事继续下去。而且就算爸爸妈妈都在家，只要一个人在房子里待太久了，一种悲伤的情绪就会涌上心头……

刹那间，我有种顿悟的感觉——她并非无缘无故地哭，而是水晶般透明的心灵受到了震动。我为驱散了多日来心头的疑云而窃喜！这一点，在骆骆后来写的心灵故事中得到了证实：

我知道那本小说是催化剂，中间一些看似平常的片段却含着忧伤。可它们已经刀刻斧凿般印在我脑子里，加上额外的压力，我常常忍不住爆发。我知道宣泄是一种很好的排解方式，我会尽量找个没人的地方宣泄，比如被窝里。我不愿意让别人知道我的秘密……

我很庆幸，我是骆骆信任的人。只是我很希望她能够有更好、更多的排解情绪的方式，而不只是悄悄地躲在被窝里哭。我在孩子们当中进行了心理绘本创作的尝试。骆骆画的是一个扎着两根麻花辫的小女孩，大大的脑袋趴在堆满了书本的课桌上，脑袋上方是一朵朵的“愁云”——比赛、比赛、比赛……

后来，骆骆在磕磕碰碰中成长，渐渐蜕去了往日的孩子气，那个哭哭啼啼的小女生变得阳光了。

心灵解码：骆骆其实并没有什么心理问题，她是个颇具才华又极有个性的女孩，率性而又多愁善感，情感相当丰富。对这样一个灵性女孩，正好可以发挥她的写作优势。她喜欢用这样的方式跟我沟通，叙述她的心事，展现自己的内心世界，而我只是顺水推舟而已。我写下文字与她交流——表达我的同理心，鼓励她宣泄，引导她走出伤感的旋涡，这个过程不正是对她心灵的一种滋养吗？

心理日记比较符合小学生爱表述、爱想象、爱倾吐的特点，无疑是一种“低碳”而有效的解决方法。让学生记录每天看到的、听到的、碰到的和感受到的东西，能清楚地投射出学生的心理活动以及心理状态。比起口语表达，这种方式不会让学生有被直接攻击的感觉，阻抗较小，有利于收集真实信息。案例中，我也穿插用了创作心理绘本的方式，因为绘画有助于个体认识自己潜意识中的内容。个案辅导下来，我最真切的感受是：心理日记反映出了学生自己内心最真实的状态，生动地描述出学生的生活经历和生活体验，有着面对面辅导所没有的沟通优势。

当然，宣泄情绪的方式还有很多，比如，做做自己喜欢的运动，听听自己喜欢的音乐，跟好朋友聊聊天，看看喜欢的书，等等。现在，我们班上的每个学生多多少少都懂得一些合理宣泄情绪的方法，学生之间的小矛盾也越来越少了。

三、挥舞快乐魔棒——让情绪换个挡

洋洋和小高两个小冤家又为一些鸡毛蒜皮的事吵了起来，两人各执一词，互相指责。这时如果教师出面当“法官”或者“裁判”，都不是最好的办法。

于是我对洋洋说：“洋洋平时可是个特别爱整洁的小男子汉，今天怎么变成小花猫啦？快去洗个脸，不然就不帅了哦！”顺便递给他一块新毛巾。他吐吐舌头，乖乖地向门口走去。接着我又对小高说：“今天吵架辛苦了吧？看你满头大汗的，快坐下来喝口水，歇歇凉。”我给他一杯水，拍拍他的肩。小高有点儿不好意思。

过了一会儿，洗脸的洗好回来了，喝水的也喝完了。看看他俩的情绪都平静下来，我说：“现在请你俩看一场演出。”我让两名当时在场的学生模仿事情的全过程，他们把吵架双方当时的表情、动作、语言模仿得惟妙惟肖，引起了同学们的阵阵哄笑。洋洋和小高都不好意思地低下了头。

洋洋首先表态：“看到自己吵架时的样子这么丑，我感到非常惭愧，以后肯定注意。”小高也“不甘落后”：“我还以为当时自己很威风呢，原来竟是这副模样。看到同学们模仿，真想在地上挖个洞钻进去。”两个人你看看我，我看看你，都扑哧一声笑了。两个小家伙就这样在大家善意的笑声中握手言和了。

心灵解码：在我们的班级管理中，难免会有一些“激情”事件发生。心理学认为，激情是指爆发式的、非常紧张的、短暂的状态；心境是指微弱而持久的情绪状态。学生处于激情状态时，不是好的教育时机，要设法使学生的情绪由激情转化为心境，才能进行教育和引导。因此，面对学生吵架这样的“激情”事件，“先处理心情，再处理事情”才是上策。上述案例中，我先让两个孩子洗把脸、喝口水，给了正处于激情状态的他们缓解情绪的时间。而接下来的“事件回放”好比一面镜子，既让犯错的学生以旁观者的身份重新审视了自己，也给其他学生提了个醒儿。这个演的过程，既让老师了解了情况，又促成了学生自我反省，可谓一举两得。

如此看来，情绪换挡比较符合以人为本的理念。我们常规的育人理念是对事不对人，但我认为，从心理学的角度来看，在实际操作的过程中，还是要先“对人”（先处理人的情绪），再“论事”（根据事情本身的情况来讨论），这样的做法可能更有助于“激情”事件的化解。

俗话说，一把钥匙开一把锁。快乐在每个人的眼里是不一样的，开启快乐之门的钥匙也有很多把。作为一线教育工作者，我们不可能拿一把万能钥匙等待着，哪里有学生需要“救火”就出现在哪里。最好的方法就是把快乐的钥匙交给学生。当学生学会把握自己的情绪时，他们活动、学习的环境都将变成快乐的“心理场”。

>>> 应西芳　浙江省嵊州市剡山小学

关注学生身体疾患背后的心理问题

刚开学，班里就有个学生在军训时慢性阑尾炎发作，好在经保守治疗后问题不大。然而开学第三周，该生又因突发“呼吸困难”去看了急诊，医生对其肺部做了详细检查，发现毫无问题，医生的解释是因为“太紧张”。这个学生的两次“发病”引起了我的重视。

我详细询问了该生的身体状况，得知他从初三开始就有慢性胃炎和慢性阑尾炎。结合我本人以往积累的医学知识，我做出了大胆猜测：该生的病与其初三时压力过大有关。医学上认为“肠胃是人的第二大脑”，压力和不良情绪会直接导致肠胃疾病，包括胃肠炎甚至胃溃疡。我又联想起心身疾病理论，其中讲到精神紧张会导致气管痉挛，气管痉挛就可能出现呼吸困难的症状，医学上最极端的例子是“过敏性哮喘”——病人因情绪原因反复出现哮喘症状，也因心理治疗而得到缓解。于是，我与孩子的妈妈进行了交流，提示她孩子可能存在一定的心理问题。他妈妈表示同意，说她也观察到孩子总担心阑尾炎发作而过度紧张。至此，我们得出基本判断：孩子的心理问题才是根本问题，需要让他放松。

在接下来的日子里，我继续仔细观察该生，以探究他是否确实存在一些心理问题。很快，我发现了一个奇怪的现象：当我跟他说话时，他虽然面带微笑，但始终是“鼻子上翘，眉毛微皱”，让我感到他心底有一种潜藏的焦虑感。在紧接着的摸底考试中，他发挥得也不好。我决定借机好好跟他谈谈。谈话不是正式的心理咨询，但采用了一些类似心理咨询的方法。

一、不断追问

我问他：“你总结出自己在这次考试中存在的问题了吗？”他说：“数

学都会做，却做错了很多！”此时，一般老师凭经验也许会直接归因为“粗心”，但该生的特殊情况促使我继续追问：“你平时练习会这样出错吗？”他说：“不会。”问题出现了。如果是粗心的人，练习时也会常出错。联系他之前的心态，我怀疑他有考试焦虑症。于是我又问：“你初中时也是这样的吗？”他说：“每次考试都会出现这种情况，中考也因此失利。”至此，基本可以确定他有考试焦虑症。

二、发现矛盾

我将话题转移到他的身体。我问：“最近身体怎么样？”他说：“胃常常隐隐地疼，有点儿影响学习。”我问：“胃炎严重吗？”他说：“不严重，以前吃了药也就控制住了。我的感觉不是很明显，医生也说不必做胃镜检查。”这一回答出现了矛盾：胃炎客观上不严重，疼痛也不重，为何还会影响学习？以前治疗有效，现在为何无效？我宽慰道：“不严重就别担心，按常规治疗就行了。”他却说：“可是我担心我的病其实是严重的。”“又不怎么疼，何谈严重？”我说。“我的阑尾炎发作时，也不像别人那样疼。我怀疑我的神经不敏感，感觉不出疼。”他回答。根据心理学相关知识，我断定他还有“疑病”障碍——总怀疑自己的疾病很严重，心理负担过重，反而会减缓康复速度。我说：“为何不做胃镜查清楚，以消除忧虑？”他说：“医生曾经建议做，但我自己怕痛。”“那做无痛的。”我说。“无痛的太贵！而且，真是无痛吗？”他像是自言自语。我又发现他性格中有明显的焦虑成分，什么事情都往坏处想。

三、找到症结

初步确定了该生的问题本质后，我继续问：“生活中，你会把很多事情往最坏的方向想，是吗？”他答：“的确是这样的。”至此，我基本找出了该生考试焦虑、疑病、过度紧张和导致心身疾病的根源：焦虑障碍。如果说，他的考试焦虑在一定程度上可能源于父母的压力，但对疾病和其他各种细节的过度纠结，则是他本人的心理问题在作祟。

四、给出建议

我告诉他，他现在的问题是有一定的“焦虑障碍”。这种情况会影响生活、学习，不利于疾病康复，会造成恶性循环。不过这种情况并不可怕，许多人都有过这样的状态，心理学家称之为“情绪感冒”，只要及时调整就可以恢复，恢复后仍是心理健康的人。最后，我提出了解决问题的具体措施：①为消除他对胃病的怀疑，建议他做一次胃镜。我从医学角度给他详细解释了“无痛胃镜”为什么无痛，为什么价格贵一些……只有先解决他对胃病的疑虑，再坚持治疗，去除身体上的痛苦，才能为形成良好的心理状态打下基础。②我联系他初中时考试焦虑和肠胃疾病的发病情况，告诉他心理上的焦虑恐怕已存在一定的时间，仅靠自我调控还不够，需要寻找专业心理老师或医生进行干预和治疗，以摆脱这种阴影。③我建议他平时养成一种自我反驳的习惯。当脑海中浮现对未来的悲观想法时，要自问：真是这样的吗？以前的结果往往没有这么坏！目的是以认知重建来慢慢地纠正他焦虑的心理。

学生接受了我的建议。第二天，他预约了胃镜检查，结果只是轻微胃炎，又找医生进行调理，解决了第一个问题。接着，他又预约了心理老师，心理老师了解情况时，又发现他还存在某些类似强迫症的现象，比如一碰到钉子就害怕得破伤风。心理老师为他制订了治疗计划，从认识和行为上同时治疗，让他先从碰到钉子告诉自己不要害怕做起，慢慢纠正问题。

这个案例让我深刻认识到：学生特别是寄宿生随时可能出现身体问题，班主任必须有一定的医学常识，一方面便于发现问题，及时采取措施，另一方面也可以有效指导学生。因此，我在班里进行了关于健康的班本教育，内容涉及养生、饮食、运动、睡眠、体质及调理等，力图让刚开始独立生活的学生学会保护自己的身体，以最佳的身体状态迎接高中繁重的学习任务。

班主任不仅要掌握一些医学常识，还要特别关注学生身体疾患背后隐藏的心理问题。如今一些大学生、中学生自杀，往往离不开心理问题，尤为不幸的是，班主任或辅导员大多没有及时发现学生的心理问题并给予疏导。学校虽然有心理咨询中心，但很多学生恐怕根本不明白哪些问题属于心理问题，需要找心理老师，或者他们无法克服对心理咨询的偏见，于是任由问题变得越来越严重。所以，班主任，作为经常与学生打交道的“重要他人”，及早发现学生的心理问题并适时进行引导就显得尤为必要。

教育者只有具备一定的身心健康知识，才能真正读懂学生，并在他们成长的关键时刻，帮助他们走出阴影，这不仅有利于学生在学习阶段的健康成长，对其未来发展也更为重要！

>>> 苏欢　广东省珠海市第一中学

她为何“偷偷摸摸”

案例描述

那天，一对母女走进了我的咨询室。

女孩的妈妈告诉我，周五下午她被班主任请到学校，原因是，近段时间，女儿丹丹（化名）在班里出现了好几次“偷偷摸摸”的行为。一次是丹丹偷偷在班级量化评价表上自己的名字后面贴了两朵小红花。另一次是丹丹趁老师不注意偷偷修改了数学试卷上的分数。还有一次是她偷偷拿走同桌的英语抄写本。班主任知道后并没有在班里公开批评丹丹，而是在课后把丹丹叫到办公室询问缘由。可丹丹不仅不承认，还责怪同学们冤枉她，责怪老师不信任她。她越说越生气：“真没想到这孩子会变成这样。我一直以为丹丹是个听话、老实、懂事、学习很努力的孩子，谁会想到她的胆子竟这么大。”

丹丹是个文静漂亮的女孩，一脸稚气。我观察到，在妈妈叙述这几件事时，坐在一旁的她不时看一下妈妈，眼神里有哀求，有紧张，也有害怕。她的双手放在大腿上，不停揉搓，面部肌肉明显发紧。这些都告诉我，此刻的丹丹内心充满了不安和恐惧。那么丹丹到底在恐惧什么呢？她到底偷偷做了这些事没有？如果做了，又是出于什么动机呢？为了深入了解丹丹，我必须单独和她沟通，于是我请丹丹的妈妈暂时去隔壁办公室稍坐。

辅导过程

做完 15 分钟的音乐放松训练，丹丹的情绪有所好转，脸上露出轻松的笑容。接下来，我让丹丹做沙盘投射游戏。首先，我让丹丹选择两种动物来代表自己和妈妈。丹丹走到放有几十种动物的沙具架前，不假思索地取出了绵羊和老虎两个模具。接着，我又让丹丹用这两种动物的位置关系代表她和妈妈之间的关系。丹丹拿起老虎，小心翼翼地把它放到了沙盘的中心位置。然后慢慢拿起绵羊，捧在胸前。听到我的提醒，丹丹才迟疑地把绵羊放在老虎身边。但刚一放下又立刻拿起来，一会儿把绵羊放到距离老虎很远的角落，一会儿又放到老虎的身后。这样来来回回地摆了好几遍，最后她把绵羊放在了老虎右后方的位置。整个过程中，丹丹表现得很小心、很犹豫、很犯难。

“能告诉我为什么要这样放吗？”

“妈妈发脾气时的样子特别像老虎，很凶，很可怕。”丹丹回答道，目光中仍有一丝恐惧。

“你怕什么呢？”

“我怕妈妈不爱我，不要我了。”此时，丹丹的眼眶已有些湿润。

“每个妈妈都是爱孩子的呀，她怎么会不要你呢？”

“妈妈会。”丹丹的声音很小，但很肯定。

产生这样的想法，一定是在生活中发生了令丹丹难忘的伤心事。再次提起，或许会揭开丹丹的伤疤，使丹丹的心灵再次受到伤害。但如果不帮助她打开这个心结，丹丹的心灵创伤就很难愈合，她的内心就可能长久地陷在恐惧中无法自拔。

于是我问：“是不是妈妈曾经伤害过你？愿意说给老师听听吗？”

“妈妈脾气不好。小时候我只要什么地方做得不好，妈妈就会对着我大喊大叫。有时候还会打我，而且打得很重。”丹丹长叹了一口气，“上二年级时，一天晚上妈妈说我作业写得不好，要我重写。我不愿意重写，又没办法，就写得有点儿慢，妈妈一生气就把我狠狠打了一顿。我不服气，妈妈连推带拉地把我拖到门外罚站。当时楼道里的灯坏了，特别黑。我心里特别害怕，使劲地敲门，可妈妈就是不开，还说：‘让大灰狼把你吃了算了，省得惹我生气。’还有一次是在我 5 岁时，妈妈带我逛商场。我因为肚子饿，就吵着要妈妈买东西吃。妈妈说我不听话，嫌我烦，就把我放在商场门外放取款机的那间小屋里。她还吓唬我说，要是敢乱跑就再也别想见到妈妈，然后她就自己一个人买东西去了。在等妈妈时，我觉得时间特别长，心里一直咯噔咯噔地发慌，生怕进来取钱的人把我拐走，再也见不到妈妈了。”说到这儿，丹丹哭了，眼泪像断了线的珠子不停地流。

待丹丹的情绪稳定后，我请丹丹的妈妈回到咨询室。当我把与丹丹交流的内容告诉妈妈时，妈妈感到很愧疚、很自责、很难过。让人心疼的是，看到妈妈落泪，丹丹赶紧跑过去给妈妈擦眼泪，边哭边安慰妈妈：“妈妈别哭，以后我再也不惹你生气了。”可以看出，丹丹不仅需要妈妈，情感上还很依赖妈妈。

我再次利用沙盘技术，让丹丹与妈妈一起玩游戏——搭建“我的家”。在搭建和交流的过程中，妈妈进行了自我反思，帮助丹丹打开了心结，使丹丹心灵深处的创伤得到了修复；同时，这个互动游戏也使得母女俩都获得了一些领悟和心灵的成长。

后来丹丹告诉我，红花是她在周一放学后贴上的，数学分数也是自己涂改的，同桌的英语抄写本是她藏起来的。丹丹说，她知道这样做不对，但因为害怕妈妈知道她的红花比别人少，数学成绩下滑很多后打她、骂她，所以才这么做的；而藏同桌的本子，是不想让老师总是表扬同桌。

离开咨询室前，丹丹的妈妈深感惭愧地说：“真没想到，自己平时随口说的一句话，随意的一个行为，竟会给孩子带来这么大的伤害。以后我真的要好好改改自己的脾气了。”

案例总结

很多父母认为，孩子还小，骂几句、打几下、吓唬吓唬没关系，以为事情过去了就过去了，孩子不会有事的。事实上，父母生气时的样子和情绪化的言行，会长久地留在孩子的记忆里。孩子可能记不清具体的事情，但她的情绪会长时间地停留在当时那种恐惧的情景里，不安全感会在整个内心蔓延。

心理学研究表明，一个人内心有着怎样的恐惧情结，背后就必定有相应的形成背景。6 岁以前的孩子很难分辨成人言行中哪些是理智的，哪些是情绪化的。面对父母的打骂，他们唯一的感受就是害怕。他们会把父母

"我不爱你，我不要你"之类的气话当成是父母的真实想法，甚至会在头脑中"创造"出相应的画面。因此，他们所体验到的心理恐惧的刺激强度往往要比实际的恐惧高出很多倍，由此加剧了内心的恐惧感和不安全感。同时，由于他们不明白父母为什么会对自己那么凶，不清楚那种恐惧的场景还会持续多久，不知道接下来还会发生什么可怕的事情，加上又不具备反抗和获得外界援助的能力，不善于用语言把害怕的感觉表达出来，恐惧的情绪就可能一直盘踞在他们内心。当这种恐惧到了无以复加的程度或持续的时间过长，就演变成了他们的一种心理负担和心理情结，甚至心灵也被这种恐惧的情绪"淹没"。就像丹丹，因为长期处在妈妈制造的恐惧环境中，不自觉地形成了躲闪、回避和逃脱等恐惧性的反应。渐渐地，恐惧性的反应便成了她自我保护的一种行为模式：恐惧（怕打骂）——逃避问题（不敢说）——自我保护（防卫事件）。丹丹正是因为恐惧妈妈发脾气而偷偷去贴红花、改分数，这种行为被发现又诱发了后期的恐惧性的反应（否认），因此陷入问题循环怪圈里。

丹丹要彻底走出心灵的恐惧，还需要接受必要的心理辅导和心理训练。除此，丹丹的妈妈也要在语言沟通和行为方式上做一些改变。只有当丹丹在与妈妈反复多次的交往中，真正体验到被理解、被接纳、被支持、可依靠时，她心灵深处的恐惧情绪才会逐渐消退，安全感才能常驻丹丹的内心。那时，丹丹才能自动解除心理防御，敞开心扉与妈妈交流生活中的快乐与烦恼。诸如偷偷贴红花这类事件，才不会再次发生。

所以，当班主任发现某些孩子出现异常行为时，首先要避免直接给孩子造成伤害，丹丹的班主任没有当众批评她，这一点是值得肯定的。其次，要尽量弄清孩子这些异常行为背后的原因，切不可当作道德品质问题去对待，简单地说教或者惩罚对心理障碍是起不了作用的。如果单靠自己有限的心理学知识无法帮助孩子弄清根源、化解伤害、改变行为，那就要及时与专业的心理健康辅导老师沟通，请求协助，不要因为自己的武断和漠视延误了对孩子心理问题的疏导与治疗。

>>> 宋文娟　天津市滨海新区大港第三中学

如何解除她的负面暗示

在我辅导过的学生中，陈莎（化名）是我印象最深的一个。这样说，倒不是因为她的心理问题有多严重，而是因为这个案例有很强的代表性，反映了消极情绪或负面暗示对一个人的心理以及行为所产生的重大影响，而这种影响的严重性往往连自己都没有意识到。

案例描述

陈莎是高二学生。查寝的老师送她来时说她上午没去上课，一直躺在寝室里。我打量了一下她，她穿着很朴素，两只手很拘束地握着，眼神里不但没有那种很多逃课学生都会出现的叛逆与桀骜，反而充满胆怯与谨慎。

我给她倒了一杯水，让她坐下来。然后大致了解了她的情况：两年前，她以优异成绩考入这所省示范高中，但这里竞争激烈，她在班里成绩一直不拔尖，人际关系比较紧张。以前她全心全意地学习，很少与周围的人交流，也不怎么参加集体活动，本来还有成绩引以为傲，而今成绩下降，她就开始变得很消极，觉得自己什么都做不好，不管怎么努力，最后都会失败。

辅导过程

一、探明心理原因

“为什么上午不去上课？”我问陈莎。

“不想起床，反正我去学习也不会有什么好结果，也考不上好大学。”

她低着头，很难过的样子。

看来她还是很在乎自己的学习成绩的，但她对自己的认识似乎很悲观，而且直觉告诉我，这种悲观更像一种不合理但已根深蒂固的信念。

“是吗？”我反问，希望她能重新反思一下自己的情况。

“我从来都没有成功过，反正也没人理解我，没人在乎我。”

她说从来没有成功过，这是一种绝对化、灾难化的推理。

“期中考试考得怎么样？”我试图把她拉回现实。

“期中考试成绩根本不能证明什么，期中考试有很多偶然因素，而且考到了好几道老师讲过的原题。”

看来如我所推测的，她期中考试成绩并不差，然而她对成绩的归因却存在一些偏差。

归因理论认为，一个人将成功归因于能力和努力等内部因素时，他会感到骄傲、满意、信心十足，而将成功归因于任务容易或运气好等外部因素时，产生的满意感则较少。相反，一个人将失败归因于缺乏能力或努力时，则会产生羞愧和内疚，而将失败归因于任务太难或运气不好时，产生的羞愧则较少。而归因于努力比归因于能力，无论对成功或失败均会产生更强烈的情绪体验。陈莎就是明显倾向于把成功归于外因或机遇，而把失败则归于内因。

“原题是针对全班同学讲的，你会做别人也会做，这并不是这次成绩的决定因素。也就是说，你这次的成绩是你自己努力的结果。”我希望她能正视现实。

“那也是过去的事了，到了期末，我一定会考砸的，物理最多考 20 分，化学估计也只能考 30 分。”她很肯定地回答。

看来她潜意识中已习惯了对自己的悲观想象，我只能换一个角度去发问引导。

“看来你很喜欢对自己以后可能发生的事做预测，那你的预测一般准确吗？”

听我这么一问，她若有所思地顿了顿，然后说：“还是很准的，比如我觉得我成绩下降后，同学们就会看不起我，不喜欢我，不愿和我在一起。果然，上周我从家里带来一些吃的，正好寝室的另一个同学也在，我喊她一起吃，她说不用了，她一定是不喜欢我甚至看不起我。”

“同学是怎么说的？”

“她说她也有吃的。”

“除了这件事，还有什么类似的事情吗？”

“再比如今天早上，我不想去教室，躺在床上时我就想，一定会有不好的事发生。果然，现在惊动了查寝老师、班主任，还有您，所有人都为我的事感到非常不愉快。”她泪光闪闪地说。

为什么陈莎对自己的“不良预感”会那么准确呢？除了强加给自己的负面情绪之外，我发现她还在反复给自己负面暗示，并努力实践它。心理学里有一个“自我实现的预言”效应，指的是这样一种现象：起初只是一个预言（而不一定是事实），但由于个体或群体都预期这一预言将会实现，所以他或他们的行为就会因此显示出某种倾向性，而正是这种倾向性致使该预言得以实现。从表面上看是预言准确，实际上是由预言引发的人的心理作用，再导致心理或行为上的倾向性，从而使原先并无必然性的一个预言最终真的实现了。

二、调整思维方式

我知道，用“好好学习，多想也无益”来安慰她是不会有效果的，于是我给她讲了一个“银行倒闭”的故事。

银行在吸储后都要靠向企业发放贷款或进行其他投资来获利，以维持银行的开支、向储户付息以及自身盈利。所以，它们平时只是靠数量不多的现金来维持银行日常工作。在储户提现压力不大的情况下，这自然没有大的问题，即使有问题，也可以向同业拆借救急。但是，如果风传某家银行财务有问题，有可能倒闭，消息似乎又挺可靠或权威，有些比较敏感的储户就会为了避开风险而提现，这一行为马上会导致该银行现金紧张。这一现象又会进一步给外界造成其财务有问题的印象，于是预言得以自我实现，其他同行也会因为有顾虑而拒绝拆借资金，而储户的提现狂潮很快就能使一家本来没大问题的银行真的成为问题银行，甚至最终真的倒闭。

“难道我现在的情况和银行一样，是由于我自身的心理倾向造成的？”听完我的分析，陈莎自言自语。看来，她悟性不错。

“你的情况略有不同，银行倒闭是由于外部有人散播谣言，这种由他人恶意传播的谣言很难控制，而你却是自己给自己负面预言，是你的思维方式造成的，可以自己努力去调节。”

她茫然地看着我，眼里充满期待。我接着分析：“人际关系、学习成绩等这些由什么决定？不是你对结果的想象和预测，而是你预测后所产生的心理倾向以及由此导致的行为反应。所有一切都取决于你最终的行为，取决于你下一步会怎么做，怎么面对。”

陈莎一动不动，眼睛快速转动，嘴唇偶尔翕动，看得出她在做激烈的思想斗争。良久后，她说：“我想我应该尝试一下改变自己的心态和认识，是吗？”

第一次谈话到此结束，我决定给她留一些时间自我反省。

过了几天，陈莎又一次来到咨询室，她明显乐观了很多，与几天前判若两人。她很高兴地告诉我，现在她已和同学相处得非常好，同学们也很关心她，经常一起学习，去吃饭也会约上她。她还主动找各科任老师交流，学习上也给自己做了一个计划，有老师们的帮助，她相信自己期末考试一定会比期中考试发挥得更好。

听到她的情况，我很高兴。虽然一次疏导不可能完全扭转她那已经十分顽固的思维方式，以后再遇到挫折，还可能复发，但至少这已经是一个新的开始。在这里我很想提醒广大班主任，平时要多留心学生的言行，有些行为并不像表面看上去那么简单，而当学生被消极情绪或负面暗示困扰时，一定要想办法纠正其不正确的思维方式和归因方式，这比简单地鼓励或批评要有效得多。

>>> 黄文静　湖北省云梦县第一中学

老师，您是不是也不喜欢我

案例描述

小 A 是五年级的一名女生，平时成绩处于班上稍后位置，性格孤僻，不爱说话，很难和其他同学自然交流。最近一个月，我每次在课堂上提问，她都会第一个举手。我还记得她第一次举手的瞬间，我内心闪过的欣喜，可每次她站起来后却一言不发。最初我以为她只是一时紧张，所以很耐心地引导她、鼓励她，但七八分钟过去了，她就是平静地站着不说话。我的专业敏感提示我，这不是紧张，她一定有其他的想法。于是我微笑着说："小 A 请坐，可能你需要再想想，咱们先听听其他同学发言。"她就坐下了。随着类似行为发生频次的增加，我更确定她这样做不是因为紧张，一定有其他原因。我依旧每次都会叫她，但引导一次后她仍不开口的话，我会马上让她坐下，不再纠缠。我知道她这个举动一定有原因，只是她现在还不愿告诉我，或许她在等我的回应。

终于有一天下课后，她在我身后喊了一声："叶老师，您等一下！"我停住脚步转身，发现她已伸出手拽住了我的衣襟。她说："老师，您是不是也不喜欢我？"这突如其来的问话让我愣了一下，但我马上笑着回答："不是啊，我喜欢你啊，你为什么会这么问呢？"她惊喜地反问："真的吗？"我说："真的。"她马上说："那我明天中午可以去找您谈谈吗？"我说："当然可以。"她笑着说："太好了，那您明天等我。"我说："好的，我等你。"她松开手高兴地走了。

看着她的背影，我若有所思：既然她主动要和我谈谈，那一定是想好了。她的身上究竟发生了什么事呢？

追根溯源

第二天中午，她如约来到办公室，刚进屋就再次问道："老师，您是不是也不喜欢我？"

我很认真地说："不是，我很喜欢你。"

她急切且略带愤怒地说："您骗我！我妈都不喜欢我，您怎么会喜欢我？而且我每次举手后都不说话，您一定不喜欢我。"

我故意略带惊奇地问："是吗？你妈妈不喜欢你？哪有妈妈不喜欢自己的孩子的？"

她再次急切地说："真的，老师，我妈就是不喜欢我。"

我说："那你跟老师说说，你怎么知道妈妈不喜欢你呢？"

她说："老师，您真的喜欢我？"

我答道："是啊，我真的喜欢你。"

她又追问："那您喜欢我什么呢？"

此刻，我已经明白她的伤痛在哪里了，我跳开这个问题直接进入了疗愈创伤的过程。我问她："你可不可以先告诉我，你为什么说妈妈不喜欢你呢？我不相信，像你这样可爱、敏锐又坚强、勇敢的女孩，妈妈会不喜欢？"

"您真的认为我可爱、勇敢？可我妈一直都说我又笨又胆小，说我不像姐姐那样聪明，说我学什么都不如姐姐。"

"是吗？妈妈这样说我们的小 A 啊，那她真是不对。"

"是啊，不过妈妈说的也没错，姐姐的确都比我做得好，她才比我大两岁，在老家上学……"

听着她一连串的表述，我突然发现她说话很连贯，不像课上的她，而且说到不同内容时脸上都会有相应的表情，激动的时候会有相应的肢体语言配合口头描述，以强化自己的情绪。我认真听她讲述每一个引发她情绪激动的故事，思索着如何转化妈妈对她的否定评价。终于，她在泪水中停止了表述。看着她因难过不断抽动的双肩，我随手递给她一盒纸巾，她接过纸巾依旧在哭。此刻，我只是静静地陪着她。她哭了一会儿，慢慢擦去脸上的泪水，抬起头断断续续地问我：“老师，妈妈为什么不喜欢我？”

我没有马上回答，只是平静地看着她，等她接着说。她默默擦干了眼泪，抬起头很认真地看着我。我知道此刻她在等我给她一个能让她从痛苦中走出来的答案。我们对视了几秒钟，她又低下了头，她可能有些失望，因为我没有给她想要的答案。

引导转化

这时，我知道转化时机已到，便说：“小 A，刚刚你说的那些让你很难过，是吗？”她轻轻点头。

“你觉得妈妈总说些让你难过的话，所以妈妈不喜欢你，是吗？”她依旧低着头，再次轻轻点了一下头。

“那你有没有看到过妈妈对姐姐也是这样？”

她抬起头看着我。

我继续说：“你有没有听到过妈妈也说让姐姐难过的话呢？”

她点点头，说：“有过，妈妈也经常会说姐姐，而且更严厉，有时还会打姐姐。”

“嗯，那妈妈喜欢姐姐吗？”

“喜欢，妈妈每次打完姐姐都很难过，还会给我们做好吃的。”

“那你现在觉得妈妈是喜欢你还是不喜欢你呢？”

“但妈妈每次都会说我不如姐姐，总说要是只有一个就好了，怎么第二个也这样不省心……”

“是啊，我猜想是发生了一些事情后妈妈才会这么说，对吗？你回忆一下妈妈都会在什么时候说这些话？”

“每次都是姐姐不在，我有不会的功课去问妈妈时。”

“嗯，还有吗？”

“还有就是妈妈晚上加班回来，看到我还没做完功课的时候。”

“嗯，还有吗？”

“好像没有了……”

“那妈妈有没有看到你就夸你的时候呢？”

“有……”

“那你觉得妈妈什么时候是喜欢你的，什么时候是不喜欢你的呢？”

“妈妈看到我听话而且独立时喜欢我，会夸我。”

“嗯，那妈妈在批评你、不喜欢你的时候，你觉得妈妈是真的不喜欢你吗？”

“不是。”

“那妈妈批评你时，你觉得妈妈是希望你怎么做呢？”

“妈妈希望我比姐姐强。”

“嗯，我相信你一定有比姐姐做得好的地方，你愿意和我说几件吗？”

“我起床比姐姐快，我扫地比姐姐干净……”

“嗯，一个比姐姐还棒的妹妹，妈妈会不会喜欢呢？”

“会啊。”

我看到她已经瞪大双眼，脸上有了兴奋的笑容了。我接着问她：“那你有这么多比姐姐强的地方，妈妈喜不喜欢你呢？”

“喜欢啊。”她已经情不自禁地笑了。

我继续引导她：“小A，你有这么多比姐姐强的地方，你是怎么做到的？”

“比如扫地这事，我每天放学回家第一件事就是扫地，然后去写作业……”

“哦，因为你比姐姐做得多，所以做得比姐姐好，是吗？”

“是的。”

“那如果你想比姐姐功课好，你觉得有什么办法呢？”

“我比姐姐多花时间，争取能多出两年的时间（姐姐比她大两岁）。”

我一时被这个可爱的回答逗笑了，说：“好啊，老师也觉得这办法不错，那你能坚持吗？”

“我能坚持啊。”

“那老师等你的好消息。你觉得你要是功课比姐姐好，妈妈会不会更喜欢你呢？”

"一定会的，老师，我妈喜欢我，是吗？"

"你说呢？"

"嗯……我觉得我妈喜欢我。"

"那你现在心里舒服点儿了吗？"她不好意思地笑着点头。

"上课时间快到了，你回教室上课吧。"

"老师，谢谢您，再见。"

"再见。"

案例总结

小 A 离开后，我拨通了她妈妈的电话。通过和她的妈妈交流，我了解到妈妈工作很忙，有些时候是因为着急，所以比较粗暴。小 A 很乖，每次被说之后都会默默躲回房间，从不顶嘴，也不解释，所以妈妈不知道孩子会难过。我和她妈妈讲了一些与孩子沟通的方法，主要是建议妈妈用正向的、明确的目标或要求引导孩子进步，尽量少直接否定孩子……在之后的课堂上，小 A 依旧第一个举手，但已不再静立不语了，会很流畅地回答问题。

一个人健康人格的建立与他和母亲的互动关系有着紧密的联系。小 A 总是被母亲否定，这影响了她的课堂表现和学习成绩。教育者和家长要接纳孩子，和孩子进行有效的沟通。多一分正向的引导，少一分否定，孩子就可能创造奇迹。

>>> 叶园　北京市西城区北礼士路第一小学

孩子，没关系，我们可以慢慢成长

小吉是班里个子最小的男孩，入学之初，在练习队列时，由于他总是犯规，体育老师批评了他，他的反应让我大吃一惊——他冲着体育老师大嚷："都是我的错！都怪我！行了吧？！"他不断地大声重复着这些话，然后眼泪扑簌扑簌掉下来。我想把他单独叫出来，但是他像钉子一样站在那里，紧紧握着小拳头，全身发抖，就是不挪步。

我只得让体育老师把其他孩子带到别处训练，我和他单独留在原地，然而无论我说什么他都不理会，只是哭。我试图把他拉走，但是他用力甩开我的手。僵持了一会儿，我决定换个方式，我不再用力拉他，而是轻轻地把他的手握在我的手里，跟他说："你在这儿站着多不好啊，大家都看着你哭，太丢人了，跟老师回办公室去好不好？"这样，我像哄小孩一样把这个已经 12 岁的初中生带回了办公室。

在走向办公室的过程中，我的大脑飞速运转着，职业的敏感让我意识到这个孩子在控制情绪方面有着很大的障碍。到底有多严重？会不会有攻击倾向？是否影响了孩子的其他方面？由于缺乏了解，我还不能妄下结论。到了办公室，小吉的情绪比刚才好多了。

于是，我有意避开刚才的问题不谈，拉着他的手，问道："你是哪个小学毕业的？"他有些惊讶，看了我一眼，还是回答了我。他愿意回答我的问题，这是个好兆头，于是我接着用这个话题引导他转移注意力。我之前观察到，小吉非常热心，也很愿意帮助别人，或许可以利用他的这个优点，让他为班级做做工作，转移他的一部分情绪和注意力。

我们谈得差不多了，他的情绪也平复了，我才开始提刚才的事情，我轻声问道："刚才是怎么了？"他委屈地说："老师，不是我想动，是后面的小龙总是戳我后背，我才动的，体育老师说我，我觉得委屈……"说着说着，他的眼泪又流了下来。我耐心地说：“你已经是初中生了，解决问题的方式有很多种，而发脾气是最不可取的。如果你跟老师说‘老师，后面有人推我’，我想结果肯定不是这样的。无论如何，大家都站得很好，只有你动了，老师才会说你。你想想，刚才对待老师的态度好吗？”“不好，我知道错了。”“那你应该怎么办？”“我应该向老师道歉。”“那以后遇到问题呢？”“我会说明白，不能乱发脾气。”果然，体育老师进来以后，他主动向体育老师道歉，获得了谅解。

今天的事情似乎解决了，我也借着这件事情建立了和小吉之间的信任，我说：“你看，咱们好好说，老师会理解和体谅的。那你能不能答应老师，以后如果有问题我找你，你一定跟我走，不要站在那儿不动？你要信任我，我是来帮助你解决问题的。”他虽然点点头，但是我知道，以后还很可能会有类似的问题发生。

于是，我给他的家长打电话了解情况，才知小吉从小控制情绪的能力就很差，他在小学时经常发脾气、大吼大叫，老师和同学们都离他远远的。我向家长建议带孩子寻找专业机构咨询，又和小吉周围的同学打好招呼，不要故意招惹他，一旦发生问题马上通知我。同时，我向所有任课教师说明情况，让老师们多注意这个孩子。在班级里，我让他担任“图书管理员”的职务，发挥他的热心肠为班级做事，也希望借此分散他的注意力。

小吉的问题不是一朝一夕就能解决的，就算我做了再周全的准备，他还是时不时在班里发脾气。刚开学时，他几乎每周都要爆发一次。我发现小吉的心理年龄很小，他每次发脾气都是因为别人误解了他，没有听他解释。

根据情绪认知理论，缓解愤怒情绪首先要找到愤怒产生的根源。所以，每次我主要按照三个步骤帮他解决问题。第一，从剖析具体的事情入手，分析他愤怒的原因。第二，找到解决问题的方法。我会告诉他引起他愤怒的每一件事情的解决办法，让他学会解释。每次我都会问他：“你发脾气以后问题解决了吗？对别的同学有没有伤害？”让他意识到，发脾气不仅不能解决问题，还会给别的同学带来不好的影响。第三，教给他情绪转移法，让他一感到愤怒就去整理教室后面的图书，舒缓自己的情绪，也可以找信任的同学或者老师谈心。这样的谈话进行了很多次，我也曾经多次想直接给他的家长打电话，让家长来学校解决问题，但是我知道，孩子需要我的疏导和帮助，所以，每次我都尽量耐心地跟他谈。

到了初二年级，我发现小吉在控制情绪方面明显好多了，发脾气的次数越来越少，把班级图书管理得井井有条。我庆幸自己耐心地与他进行每一次谈话。如果我当初疏忽或是怠慢了，这个孩子很有可能出现更大的问题或障碍，当他找不到处理情绪的正确方法时，就可能做一些我们料想不到的事情。有人说，每个孩子都是种子，只不过每个人的花期不同。有的花，一开始就绽放，有的花，需要漫长的等待。小吉可能就是那个需要等待的小花朵。

孩子，没关系，不是每一朵花都要瞬间绽放，我们可以慢慢成长。

>>> 王珊　北京市樱花园实验学校

要赢，也要输得起

一、情绪爆发："我要回家"

正值上课时间，一学生匆忙跑来办公室，说："老师，不好了，小静不见了，我都找她半节课了。"与此同时，我的电话响起，是小静的妈妈："李老师，小静突然打电话来，让我去学校接她回家，情绪很激动。"冷静了片刻，我意识到，小静的躲藏多半是因为刚刚输了排球比赛。于是我让小静的妈妈先来学校，我和学生继续寻找小静。找到小静后，她满脸通红，一直反复对家长说："带我回家。"我和家长一再安慰她说大家都没有怪她，但小静仍嘶吼道："让我回家！我要回家！"一向稳重、懂礼貌、品学兼优的小静异常的激动情绪震惊了我。排遣这种情绪的关键是先冷静下来，于是，我让小静的妈妈先把她领回家。

二、失控原因：比赛失利归因错误

小静有如此表现，源于这节课前举行了排球比赛。这场比赛决定我们班能否杀进半决赛，大家期望值很高，但这场比赛我们班最终以 0∶2 的比分失利。小静是队员中实力相对弱一些的，比赛全程都异常紧张，再加上赛点失误，她便把比赛失败全部归咎于自身。面对一次"跌倒"，手足无措地逃避、不当的情绪发泄和对比赛偏激的理解——小静的种种行为表现，让我陷入思考。

团体赛事能够吸引班级每个学生的关注，有助于增强班级荣誉感和凝聚力，但团体赛事的弊端也因此凸显：因其受关注度高，比分结果直观性强，学生们的求胜欲望强烈，一旦比赛失败，学生的挫败情绪得不到有效调节，就会影响身心健康发展。

三、改变认知：理性情绪疗法运用

理性情绪疗法是由美国心理学家阿尔伯特·艾利斯（Albert Ellis）创立的。他认为人的情绪和行为障碍是由于经受这一事件的个体对它不正确的认知和评价所引起的信念，最后导致在特定情景下的情绪和行为后果。根据小静的情况，我决定尝试用理性情绪疗法帮助她找到自身的“不合理信念”，理性分析自己受挫后的情绪和行为表现。

中午小静回学校了。午休时间，我约她去操场散步，在这样一个相对轻松的环境下，和她展开了下面的对话。

小静首先主动道歉：“李老师，对不起，早上让您担心了，我太情绪化了，做法很不成熟。”

“小静，高中生心智不成熟很正常，老师不怪你。老师全程都在关注比赛，从赛前准备到场上的表现，我看得出你们的努力和进取心，想为班级赢得荣誉。一个人只有希望得到，才会踏实付出，你们做得很棒！”我先肯定了小静的求胜欲和班级荣誉感，让她感受到即使输了，自己的付出也是得到认可的。

“你说自己太情绪化了，做法不成熟，你有没有想过是什么原因使自己处于之前那种过激的情绪状态呢？”我问。

“这次失败的责任全都在我，赛点失误、心态不好，我实在过意不去。”她答。

“小静，假如今天的比赛咱们赢了，你会说这是某一个人的功劳吗？”

“当然不会，这是集体的力量。”

“是啊，团队比赛不是一个人在作战，赢了不是一个人的功劳，输了也不是一个人的责任。你又为何要把失败归因绝对化呢？”

“老师，谢谢您为我辩护。可如果不是我在赛点出现失误，也许我们还有胜利的可能，我觉得是我让大家彻底失望了。”

“我没有在为你辩护，谁都会失误。假如赛点失误发生在其他队友身上，你的情绪会不会冷静一些？”

“我会的。”

“这样看来，别人可以有失误，你就不能有？”

“唉，可以有，只是……发生在我身上，太没有面子了，同学们肯定对我很失望，会埋怨我。”

“同学们只关心最后的比赛结果？”

“那倒不是，平常训练时、比赛结束后都有同学来关心、鼓励我们。”

“可见，你在片面地否定自己和否定他人，对吗？”

她思考了一下，点点头：“可是，我那么努力地训练，不应该在比赛的时候失误那么多次啊！”

“你的意思是在你看来，只要付出努力，就一定能做好吗？”

“应该是的，我对待学习就是这样的。”

“小静，你给老师说说，上场的队员，各自最擅长的领域是什么？”

“我学习成绩好，小阳擅长足球，增增擅长篮球，媛媛擅长排球，文文擅长美术……”

“一个人能保证在所有领域都有令人满意的表现吗？”

“很难吧。”

“是啊，大家有各自擅长的领域，队员们的水平也是有差异的。擅长体育的同学不一定学习优异，学习优异的同学体育不一定有优势。为何事情都必须按照你的意愿发展呢？所以，我们要学会悦纳自己，面对现实。很多事情不是我们经过短时间付出就一定能做得完美的。你的问题就在这里，因为你有了这种‘必须’的要求，而它又难以实现，所以你才会情绪失控。”

“确实如此。我的心理压力就是来自对自己的苛刻要求，我害怕别人的嘲笑和非议。我一直对自己说，我一定要赢，不能输。原来我有那么多的不合理认知，过去没觉得不正确，现在看来确实要调整和改变自己的想法。”

小静已清楚自己的问题所在，又快上课了，我便让小静回去后，重新审视这次比赛的失利，然后用合理的思维方式进行思考，并将思考结果写下来。

小静写道——

①每个人都会有失误，虽然这次失误给我带来不良影响，但不能因一次失误就否定自己的全部价值。

②队友和同学们的期望我铭记在心，但他们更希望我快乐地参加比赛。我应该调整心态，得失心太重会导致比赛时异常紧张，赛后心理负担太重。

③每个人擅长的领域是有差异的，我不是在所有方面都比别人强，我要面对这个事实，悦纳自己，在团队合作中认清自己的位置，知进退，扬长避短。

学生们参与任何比赛，正确的心态应该是：要赢，也要输得起。其实，人生亦如此。面对跌倒，当学生产生不良情绪时，老师可以通过谈话、辩论式提问，让有不良情绪的学生切实意识到自己认知的不全面、不合理之处，进而促进其改变不合理认知，并努力学会全面、客观、理性地评价事物和自我，这样才能真正培养他们客观分析失败原因的能力。

>>> 李佳浔　浙江省宁波市第三中学

优秀生抗挫折心理调适例谈

案例描述

新一届班干部选举，原班长小杨落选了。下课后，我把他叫到办公室，我刚开口说："刚才竞选班长，你的票数……"话还没说完，他的眼眶就红了。看到他强忍眼泪，我安慰道："老师也知道，你这次没能当上班长心里一定很难过，我也曾经有过这样的经历。不过，今天我又看到了你的一个闪光点——坚强。再说了，你的票数也很高，说明有很多同学肯定了你的表现，你还是很优秀的。"他听后，抬起头，看了看我，说："真的吗？"从眼神中看得出他的心理负担轻了许多。

但是，从那以后，我发现小杨总是闷闷不乐，课堂上发言少了，下课后也很少与大家一起玩。特别是对新任班长的态度冷淡了很多（原先两人经常在一起），对班级工作也没有以往热情了。

案例分析

小杨聪明、勤奋好学，成绩较好，自一年级入学以来一直是班长，二、三年级时还曾被评为"大兴区十佳少年"，是老师的得力助手。他是一个自尊心和好胜心都非常强的男孩，从一年级入学以来都比较顺利，几乎没有受过什么挫折，因此在落选班长后不能及时调整自己的心态。

我分析他的心理失衡主要有两方面的原因。

首先是"自我定位"问题。他家庭条件比较优越，是家里的独苗，低年级时就被评为"十佳少年"，是别人学习的榜样，经常受到表扬和赞美，因此自我感觉非常不错。现在突然一下子"失宠"（他自己认为），心理落差很大，一时不能给自己合适的定位，因此感到迷惘、无助。在他看来，竞选班长落选，说明自己在同学们的心目中不再那么重要了，不再受大家的重视和关注了，他的自尊心和自信心都受到了打击。

其次是嫉妒心理。心理学认为，嫉妒是人在个人欲望得不到满足时产生的一种不服气、不愉快、怨恨的情绪体验。该生在落选后认为，是新任班长抢走了自己的“位子”，而他在各方面也不见得都超过了自己。小杨在产生失落感的同时，对新班长产生了嫉妒心理。

心理疏导

根据小杨的具体情况，我对他进行了心理疏导。

首先，帮助他分析落选原因。他从小到大得到的都是积极评价，这导致他过分依赖外界对自己的评价。在选举班长时他自荐却落选了，失去了外界积极评价对他的支撑，心目中的自我形象受到了很大的冲击。于是，他开始认为“自己表现不够好，没以前那么优秀了，没以前那么有吸引力了……”事实上他没有考虑到他自己的票数也很高，在认知上走入了“以偏概全”的误区。我在交谈中提醒他思考落选的其他可能性，将内因部分引向外因，疏解其心理压力，帮助他重新树立信心。

其次，引导他正视挫折。我采用摆事实、讲道理的方法对他进行引导，使他认识到：在学校、家庭、社会中遇到挫折是不可避免的，关键在于正确对待挫折。我收集身边发生的事件以及中外著名人物中战胜挫折的范例，不失时机地对他进行教育启迪。我告诉他，产生挫折的原因很多，既要看到自己的不足，更要看到自己的长处。做每件事之前，都应充满自信，但也要有失败的心理准备，日积月累，耐挫折能力就会逐渐提高。

再次，让他学会欣赏别人。在缓解其心理压力的基础上，再引导该生认识到，虽然自己非常优秀，但是其他同学身上还是有很多优点的，其中有许多是自己不具备的。每个人都要客观看待自己，不要把最优秀的同学仅仅当成对手，而要看作促使自己进步的动力。

与此同时，我还和他的家长联系，取得家长的配合，促成家校同步教育。我向其家长了解他在家里的表现，并就他在学校的表现与家长沟通，建议家长凡是他能做的事，让他自己去做，有意识地磨炼他，在日常生活中锻炼孩子坚强、乐观、豁达的性格，以增强他的耐挫力。要多同孩子谈心、交流，用自己的亲身经历说明人生的复杂和美好，引导孩子正确对待生活中的挫折。

经过一段时间的努力，小杨慢慢调整了心态，对新当选的班长也有了客观认识，能够发掘新班长身上的优点，进而欣赏他。同时积极弥补自己的不足，在日常生活中做好“绿叶”，认真做好卫生委员的工作，主动接近同学，跟同学谈心，沟通思想；主动把心里的苦闷向老师吐露，以解开自己心里的疙瘩。经过一段时间有计划、有目的的教育和心理疏导，他的情绪稳定，心态平和，达到了预期的教育目标。

经验提炼

孩子的成长过程不会是一帆风顺的，他们常常有成功、有失败，有高潮、有低谷。孩子情绪变化最激烈的时候往往正是教育的最佳时机。

第一，把挫折和激励结合起来。“你真棒”“你真能干”“你能行”这类表扬的话语，对孩子来说是一种激励，有助于孩子树立自信心，但是，过度的表扬甚至不切实际的表扬却不利于孩子的成长。所以我认为，当学生做得不好的时候，我们更应该善意地指出他们的不足。学生只有发现了不足，改正了不足，才能不断进步。要让学生既充满自信，又能理智地看到自己需要改进的地方，能坦然面对别人善意的批评、提醒。

第二，构建社会、家庭、学校“三结合”的挫折教育体系。家长是孩子的第一任老师。当代的中国孩子，很多为独生子女，在家里，孩子是绝对的中心，受到太多的呵护。但是如果家长极力构筑“没有危险”的安全地带，就会窒息孩子的独立意识，甚至导致孩子产生一定的心理问题。骄纵、懒散、任性、缺乏责任心和毅力，自理能力差，抗挫折能力差，已成为普遍存在的问题。特别是一些优秀的学生长期生活在蜜罐儿里，很少受挫折，缺乏心理承受能力，形成了外表光亮坚硬，实则不堪一击的“蛋壳心理”。这对他们将来的人生会有很大影响，谁能保证他们永远一帆风顺？如果生活中遇到更大的挫折又将如何？因此，教师要做家庭教育的指导者，传授一些挫折教育的知识及方法，使家长有意识地创造抗挫折教育的氛围及和谐的家庭环境，配合学校实施挫折教育，从而更好地发挥家校合力作用。

>>> 马学丽　北京市大兴区第七小学

最不受欢迎的班长

案例描述

小玲（化名）是初一某班的两名班长之一，在刚刚结束的班会上，有学生提议在黑板旁边的空白墙上设置一个“班级每周之星”，把通过民意调查得出的每周最受欢迎的学生名字写上去。提议还没说完，有个男生起哄说：“那也写个‘最不受欢迎之星’吧！”几个学生马上来了兴致，他们一边大笑，一边用讽刺的口吻说：“那我们的小玲班长肯定每周都会当选咯！”小玲很伤心，来到心理咨询室寻求帮助。

辅导过程

一、澄清问题

学生必然是因为面临自己无法突破的心理困境，才会选择求助于心理老师，而他们往往弄不清自己所面临的问题，不能明确自己所感受到的负面情绪究竟是什么，更不知道这些负面情绪的根源。因此，对小玲的问题，处理的第一步便是引导她梳理自己的心理情境，体验困扰自己的负面情绪，并试图找到原因。以下为辅导过程。

老师：你的眼睛红红的，哭了吗？

（小玲点头）

老师：怎么了？

小玲：在班会上，有人提议在黑板旁边设一个“班级每周之星”，就是把每周最受欢迎的学生名字写上去。有个同学临时提议说也可以设一个“最不受欢迎之星”，他们那一伙人马上就怪声怪气地说：“那我们的小玲班长肯定每周都会当选咯！”一边说，还一边大笑，全班同学都在笑，连站在我身边的另一个班长也在笑……我当时觉得难受死了，但我还是没有哭，镇定地跟他们说：“这件事我要向班主任申请才能决定，如果他同意这样做，而且你们投出来的结果真的是我，我也没什么可说的。”可是我真的难受死了。

老师：我觉得你处理得很好，也很坚强。（此处运用“积极关注”技术。）

小玲：老师，您知道他们为什么不喜欢我吗？就是因为我在管理自习课纪律的时候太严格了，而另一个班长小铭却总是讨好那些爱吵闹的学生，这样我还怎么管？有一次我在讲台上吼得声嘶力竭的，实在管不下来，就跟小铭说，你去管管那几个同学吧，没想到她走到他们身边轻声细语地说：“我求求您了，别吵了行吗？”我觉得她完全是在跟我唱反调，这样怎么能管好那些不听话的“老油条”？（来访者讲述自己遭遇的过程就是宣泄负面情绪的过程，因此，讲述中一般都会有一些带有情绪色彩的语词，显得不够礼貌，此时，老师应接纳他们的宣泄方式，而不要过于纠结其用语是否合适。）

老师：哦，你为班级尽心尽力，可同学们并不理解你的付出，反而因此不喜欢你，就连“同事”也不配合你的工作，甚至跟你唱反调，这让你很伤心，是吗？（用“释义”的技术表达对学生情绪的理解并给予反馈，这有利于学生认识自己的情绪，也有利于老师与学生建立良好关系。）

小玲：嗯，能不伤心吗？太伤心了！我都不想当班长了。之前跟班主任提过辞职的事，可是班主任让同学们举手表决是否让我继续当班长，表决的结果是多数赞成，少数反对，所以我还得当这个班长。

二、分析原因

小玲的负面情绪是由当下的具体事件引发的，不存在泛化和持续时间的问题，因此，下一步的重点就是探讨小玲对事件的解释所表现出来的不合理思维方式。而这个探讨过程并不能由老师讲解完成，应该引导学生自己对思维中不合理的部分进行反思和检验。下面是探讨过程。

老师：哦，多数赞成，少数反对，这说明大多数同学都对你的工作是持肯定和支持态度的，你是这样看的吗？（此处运用“重复”技术，通过重复小玲的描述引导她朝“自己是否受欢迎”这个方向深入思考。）

小玲：这只是同学们的态度，我感觉班主任也不重视我。

老师：哦？你认为班主任并不重视你，从哪些事件可以看出来呢？（此处运用咨询中常用的“具体化”技术，要求来访学生阐述具体事件来支持自己的想法，以澄清该想法的真实性。）

小玲：入学考试时，小铭是我们班的第一名，是全年级的第四名。我知道自己成绩没有她好，所以一直在努力想要超过她，至少要赶上她。有一次校学生会通知各班班长开会，班主任想都没想就说“找小铭吧”。我想，下一次，班主任可能就会叫我去了吧。没想到还真有下一次，可班主任还是那句话——“找小铭吧”。后来很多次都是这样，甚至有一个机会是可以两名班长一起去的，没想到班主任还是那句话“找小铭吧”。我觉得老师偏爱小铭，因为小铭成绩比我好。

老师：一方面，你觉得老师内心好像只承认小铭是班长，而忘记了你也是班长，你觉得老师更偏爱学习成绩更好的小铭，你觉得很不公平；另一方面，尽管你很努力了，可学习成绩的确不如小铭，所以你在感到不公平的同时，也很委屈，是这样的吗？（准确解读来访学生的情绪成因非常重要。班主任的偏爱是外因，而小玲对自己学业成绩的不满意是内因，本个案辅导偏重于引导来访学生深入思考内因对其情绪造成的负面影响。）

小玲：是啊，我真的已经很努力了，可是学习成绩就是比小铭差一点儿，每次都这样！

老师：哦，你的心情很糟糕，不仅因为同学随口说出的那句有关“最不受欢迎之星”的话，还因为你对自己的学习成绩不满意，是吗？

小玲：可能是吧，假如我对自己的能力很自信的话，他们说什么都伤害不了我的。可能是他们的话正好戳中了我内心最痛的那一点。

三、研究对策

针对原因，老师和小玲一起讨论对策。以下为探讨过程。

老师：真好，你能从这件令人伤心的事情中获得对自己更深刻的认识！（再次运用"积极关注"技术。）接下来，你希望老师给你一些什么帮助呢？

小玲：我的学习成绩也算好的，上次月考进了年级前五十名，只是考不过小铭，我始终有点儿难受。

老师：是啊，考不过对手还真是一件恼火的事情！如果小铭转学就好了，你就不会这么难受了，是吧？

小玲：哈哈，我还真是这样想过呢，不过后来我又想，就算小铭走了又怎么样呢？还是有那么多比我厉害的人存在。

老师：也是啊，那要怎么办呢？

小玲：跟那些比我差的人比，我还是很有信心的，我也相信我能考上理想的高中，只好暗暗努力，争取能赶上小铭。

老师：那要是一直都没办法超过她呢？（在心理疏导中，老师要本着"真诚"的原则与学生交流，让学生看到未来可能遇到的困难，这比毫无根据的"加油！我相信你"这样的话来得更真诚，同时也能触发学生思考挫折来临时的应对方式。）

小玲：那也没办法啊，但在追赶她的过程中我会比现在更努力，我还是能得到好处。

老师：你有这么好的心态，我想，你一定能处理好老师偏心带给你的困扰。同时，你对自己的学习也有不一样的看法了吧？

小玲：嗯，踏实学习，让自己满意就行了，跟别人比较没什么意义。可是，同学们还是不喜欢我，怎么办啊？

老师：你是指管理纪律的问题吗？

小玲：是啊，我不想像小铭那样去讨好他们，当了班长就得负责任，管理纪律就是我的职责。

老师：讨好？你觉得小铭是在讨好那些不听话的同学？你是不是不太认同她的管理方式呢？

小玲：是啊，她不敢管他们，因为她怕同学们反对。我也怕，但怕也要管，这是我的职责。

老师：你的责任心很强，这是当好班干部最重要的素质之一，可是，你满意你的管理效果吗？

小玲：不满意，没有效果，他们甚至专门跟我对着干。

老师：你想过原因吗？

小玲：想过，没想明白。

老师：你想想看，自习课的时候，你发现有一个同学在说话，你会怎么处理呢？给我表演一下吧，把我当成那个在说话的同学。

小玲：如果说话的是个成绩不错、平时比较听话的同学，我悄悄走到他身边去提醒一下就会有效果的；如果说话的是一个平时不太遵守纪律的同学，我就会大吼一声："××，不要说话了！"

老师：管理纪律的时候你会针对不同的对象采用不同的方法，你很聪明！你说在对待平时不太遵守纪律的同学时，你的方法不太管用，是吗？这是为什么呢？好，我模仿一下你刚才的样子："小玲，在老师面前要坐直了！弯着腰像什么样，你当我这里是咖啡店吗？"（我故意非常严肃地模仿小玲刚才的教训口吻）——你感觉怎么样？

小玲：我觉得您太严厉了，不像心理老师，我不想跟您聊天了。

老师：是啊，你站在被你教训的那些同学的角度再考虑一下他们的感受。

小玲：哦，他们会觉得没面子，谁也不喜欢不给自己留面子的人，所以他们不喜欢我。

老师：那有没有更好的处理方式呢？

小玲：我还没有想到好办法，但是我知道要温柔一点儿，难道我要像小铭那样去讨好他们吗?

老师:“讨好”倒说不上,但尊重肯定是需要的。你想想看,一个喜欢随意说话的同学看见另一个“乖乖学生”也在讲话,可是你对待他们的态度完全不一样,这个同学会服气吗?

小玲:也是,有时候我跟那些不守纪律的学生吵,他们会觉得反正无聊,吵架还可以赢得大家的关注,甚至会觉得他们替那些不喜欢我的人骂了我很有成就感,我越吵他们越高兴。

老师:具体要怎么做,这就是你要考虑的问题了,你应该会想到好办法的,也可以跟小铭一起想办法。(辅导的目标是让学生具备针对困扰寻找解决办法的能力,而不是针对具体的问题提供建议。留下问题促进学生自己思考是心理咨询中授之以“渔”的方法之一。)

小玲:嗯,我试试吧。

案例总结

对青春期的孩子来说,建立健全自我意识是心理发展到此阶段最重要的任务,而同伴的评价对自我意识的建立会起到非常关键的作用。因此,对刚进入青春期的小玲来说,同时受到低水平的同伴评价(被提名“最不受欢迎之星”事件)和低水平的自我评价(无法胜任班长职务),这种打击是毁灭性的。针对这种情况,老师的辅导要达成的目标是:第一,给小玲一个情绪宣泄的出口,以无条件支持和不批判的态度去陪伴她疏解消极情绪。同时,让小玲意识到引发自己不良情绪的原因除了外在事件之外,还存在无法正确处理与小铭的竞争关系、对班长一职胜任感不强等内部原因。第二,用情境表演的方法引导来访者换位思考不如竞争对手受欢迎、管理纪律效果不好的原因,并得出结论——对待部分同学不尊重、不公正。第三,针对原因,一起讨论对策并鼓励她去实施。从对小玲及其班主任的回访来看,目标基本达成,预后较好。

>>> 颜晓荣　重庆市中山外国语学校

我真的很“怪”吗

案例背景

小阳（化名），女，13 岁，初一住宿生，小学时学习成绩在班级属于中上等，进入初中后下降很多。父母做生意，家境很好，其母刚怀上二胎。

小阳自述（概述）：自从上初中后，心里一直觉得很烦，自己的性格等各方面与小学时有很大不同，常感到闷闷不乐，有时情绪波动很大。最近，同学们都觉得我很“怪”，很“恐怖”，包括小学时的好朋友也这样说我，学习成绩也下降了很多。我现在很不相信别人，包括我的父母，他们答应我的事情总做不到，我根本没法和他们交流。现在我基本上没什么好朋友了，和同学关系都很一般。

案例分析

根据其自述，我对小阳的情况进行了初步诊断分析。她具有一定的认知、领悟能力，有较强的语言表述能力，能准确表述自己所经历的事情和自己内心真实的想法。从进入咨询室开始她就一直低着头摆弄自己的手，情绪很低落，在与我交流的过程中会偶尔看一下我，大多数时候只顾自己诉说。

从她的自述中可以了解到她在人际交往方面存在极大的困惑：一方面，强烈希望结交志趣相投、年龄相仿的知心朋友；另一方面，内倾心理增强，内心活动开始逐渐丰富起来，具有很强的设防心理。在人际交往方面存在认知偏差，自我意识强烈而不稳定，对同学之间的相处关系具有高度的敏感性。妈妈对她期望值低，又怀上二胎，以及童年阴影，导致她极度不自信，经常有不被他人重视的感觉。又因为独立意识的发展，她希望独立处理自己的事务，希望拥有一定的自由度，对家长的管教产生了抵触和反抗。学习、生活都没目标，对未来没有希望和热情，心境持续低落，她甚至想到自杀，已经出现严重的焦虑症状。

造成以上症状的原因大致有：小阳处于青春期，敏感性高，自尊心强，易受伤害；性格外向，但存在一些不合理信念；家境优越，之前一帆风顺，没经历过什么挫折，尤其在人际交往方面，往往都能满足自己的需要（以自己为中心），从小家庭教育简单化，父母对她的关爱不够，陪伴时间较少，使小阳产生了孤独感。

辅导过程

根据小阳的特点，我认为可以运用美国著名心理学家阿尔伯特·艾利斯创立的合理情绪疗法（又称为情绪 ABC 理论）来帮助小阳适应环境、接受现实、接纳自我、建立自信。合理情绪疗法认为，人的消极情绪和行为障碍结果（C），不是由某一激发事件（A）直接引发的，而是由经受这一事件的个体对它不正确的认知和评价所产生的错误信念（B）直接引起的。错误信念也被称为非理性信念。正是非理性信念使我们产生情绪困扰。想要改变情绪，要从改变 B 入手。因此此次咨询的具体目标是帮助小阳认识 ABC 之间的关系，并帮助其纠正不合理信念，降低人际敏感度和焦虑程度；长期目标是帮助小阳克服不良个性特征的制约，更好地理解友谊，乐于接纳自己和他人，建立良好的人际沟通模式，成为一个健康成熟并能自我实现的人。

对小阳共进行了三次心理辅导，取得了较好的效果。

一、建立关系，了解情况

本阶段的辅导目标是了解小阳的基本情况，建立信任感，协调情感互动，让小阳说出自己心理问题的来龙去脉以及倾诉后的感受和体会。运用的方法主要是摄入性会谈，具体技术包括倾听、开放式提问、内容反应、情感反应、归纳概括、引导。辅导过程包括询问基本情况，介绍心理咨询的性质和限制以及咨询过程中的有关事项与规则；了解小阳进行咨询的目的；通过摄入性会谈发现小阳的问题，做出评估和初诊；与小阳一同协商、确定咨询目标。本次会谈的重点是引导学生倾诉，老师倾听，以取得学生的信任，建立良好的对话关系。

以下为本次咨询摘录。

生：自从上初中后，我心里一直都很烦，觉得自己变了很多，特别是最近同学们都觉得我很怪，小学时的好朋友也认为我变了，现在没什么事情能让我高兴起来！

师：你说你现在很烦，不高兴。（情感反应，即把小阳表达的、体验的情绪感受反馈给小阳，可以给小阳“我已经知道你现在的心情了”“我在听你说”的信号，让她对老师产生亲近感，愿意向老师诉说。）能跟我说说你以前是什么样的吗？（开放式提问，鼓励小阳充分表达，传达给小阳“老师愿意听你诉说”的信号。）

生：以前，在别人眼里，我一直是个大大咧咧、很豪爽、很大方的女孩子，用我父母的话说，我是个疯疯癫癫、没心没肺的孩子。

师：那最近发生什么事情让你觉得你变了，不再是以前的自己了呢？（把学生的烦恼具体到事件，给学生倾诉的机会。）

生：我现在很不相信别人。上小学五六年级时，因为我家境比较好，同学就喜欢问我要这要那的，甚至借钱，我也基本上都能满足他们，但大多数同学借了不还。上初中后也有这种情况，我现在不借给他们，跟他们解释说我家钱也不多，他们不相信，后来慢慢地觉得我变了，有意疏远我，有的女生甚至在背后说我闲话。我现在真的不再相信他们了。

师：你是说就因为你不能满足同学的要求，他们就疏远你，甚至在背后说你闲话？（通过“内容反应”“归纳概括”来确认事件，即用小阳的原话概括事件，和小阳确认，帮助小阳更好地了解自己。）

生：是的，与他们相处时总是我迁就他们、附和他们，如果不和他们在一起的话，他们又会在背后说我。

师：你把你的真实想法说给他们听过吗？

生：说给他们听，他们也不会相信我的。

师：你有没有试过呢？

生：不用试也知道。

师：你想要的朋友是什么样的呢？（了解小阳对朋友的界定。）

生：我想要的朋友应该是患难与共、互相了解的，我对他怎样，他也要对我怎样，要心心相通。

师：你有过这样的朋友吗？（引导小阳说出想要的"朋友"具体的样子，同时了解小阳现存的支持力量。）

生：有过。我有一个表哥，家庭情况跟我差不多，他很了解我，很多时候都是他安慰我，让我想开点儿，快快乐乐就好。我的父母一点儿都不了解我，他们一天到晚忙自己的事情，都没时间陪我，总是以粗暴的态度对我。

师：能具体说说父母对你的态度吗？（了解家庭对小阳的影响。）

生：我记忆比较深刻的是，我6岁那年，有一天晚上，我爸妈出去打牌，把我一个人留在家中。我很害怕，就打电话让他们回来陪我，可是他们不愿意，于是我就一直打电话。后来他们终于回家了，结果却打了我一顿，然后又出去了。我坐在床上一直哭到睡着。我妈第二天还说："瞧，昨天晚上你一个人不是睡得很好吗？"我妈对我的学习成绩也不在乎，说只要不是倒数第一丢她脸就行。我妈有时候心血来潮会抽查我的作业，如果发现不好就罚抄几百遍，要么就不管。我爸妈比较喜欢打牌，根本没时间陪我，答应我的事情也做不到，我现在真的一点儿都不信任他们。

此次谈话基本达到了初期目标，对小阳的情况我了解得比较全面，本次咨询告一段落。

二、帮助领悟，改变认知

阶段目标是加强咨询关系；向小阳解释什么是合理情绪疗法及其基本原理；教会小阳识别 ABC，搞清楚 ABC 之间的关系。辅导的具体技术包括提问、倾听、鼓励、内容反应、情感反应、共情等。过程包括反馈家庭作业，检查小阳回家后所写的有关倾诉后的内心体验和感受，以及需要补充说明的问题；向小阳介绍什么是合理情绪疗法；让小阳学会寻找自己思维中的不合理信念，寻找 ABC。本次会谈的重点是引导小阳分析自己的情绪，找出原因，寻求解决问题的方法。

以下为本次咨询摘录。

师：通过上次谈话，最近心情好点儿了吗？（关注小阳的情绪状态，让她感受到老师是关心她的。）

（生沉默）

师：遇到什么事了吗？能和我说说吗？（老师要观察学生的非言语行为“沉默”，通过询问具体事情引导小阳说出情绪。）

生：其实那天谈了之后我心情好点儿了，但一回到教室，我又觉得很烦。我现在很想有一两个知心女朋友，可她们怎么都这样啊？

师：她们怎么了？（给予小阳回应，鼓励小阳继续说下去。）

生：她们总在利用我，需要我的时候就想到我，不需要我的时候就一脚把我踢开，总要我追着她们、讨好她们，如果不这样她们就不理睬我了。

师：能具体说说吗？（给小阳“老师愿意听你说”的明确信号。）

生：我自认为有一个女生和我关系要好，我们经常结伴而行，可她有几次本来要等我同行的，别的同学一叫她，她就和别的同学走了，把我撇下了，有时候她还在别的同学面前说我坏话。

师：当听到同学在背后说你坏话的时候，你是怎么想的？（关注小阳的想法。）

生：她们之所以说我坏话，肯定是因为我没有满足她们的要求。

师：那你当时有什么感受？（关注小阳的感受。）

生：我感到很气愤、很难过，也很矛盾。

师：你为什么矛盾？（抓住小阳内心的冲突。）

生：我不想附和她们，不理睬我就不理睬我好了，可我真怕她们在背后说我，我受不了。我想跟她们在一起，可总感觉自己是替代品。

师：什么事情让你觉得自己是替代品呢？

生：她们总是在被别人拒绝后才来找我，一旦有了新的朋友又会离我而去，我很难过。在家里爸爸妈妈也是这样，他们只有在不忙或没有去打牌的时候才会想起我，一旦有事情就把我撇开了。

师：我理解你的心情，如果我被自己认为重要的人忽视和误解，我也会心里不好过，也快乐不起来。（情感表达，即向小阳表达自己对这些事情的情绪，和小阳共情。）今天老师向你介绍一种心理学上的理论，叫情绪 ABC 理论，或许可以帮到你。（老师主动反应，指导小阳。）

生：好的，老师您说。

接下来我向小阳解释了 ABC 的含义，然后布置了一项作业，让她回去后填写一张 ABC 表格，尽可能多地找出自己的不合理信念，下次咨询时带过来，小阳点头答应。此次咨询告一段落。

三、帮助调整，学会接纳

本阶段运用多种技术（产婆术式辩论技术、黄金法则、提问、质询、解释、提供信息等），帮助小阳以合理的信念代替原有的不合理信念。过程包括反馈家庭作业，加深小阳对不合理信念与情绪、行为后果之间因果关系的认识；运用提问、质询等技术，对其不合理信念进行产婆术式辩论，促使小阳对自己的不合理信念进行积极思考，主动探索，从而主动放弃不合理信念，代之以更合理的信念。本次会谈的重点是帮助小阳调整认知，学会接纳自己、接纳同学、接纳家人。

小阳将填写的 ABC 表格（部分内容见表 1）交给我后，本次咨询正式开始，摘录如下。

表 1　小阳填写的 ABC 表格（部分内容）

A（发生的事件）	B（我的想法、态度、评价）	C（情绪、行为反应）
好朋友疏远我，不和我同进同出，责怪我对她板脸	我迁就她们，她们竟然这样对我，我变成了替代品	生气，烦恼
妈妈不同意我学跳舞	妈妈一点儿也不理解我，不支持我	生气，烦恼
女同学说我坏话	肯定是因为我没有对她们“有求必应”，还有就是嫉妒我跟男生走得近	郁闷，不开心

师：上次我们谈到了情绪 ABC 理论，老师也看了你带给我的作业，从作业中可以看出你已经熟悉情绪 ABC 理论了。今天我们就好朋友的事情来具体聊一聊，好吗？

生：好的，这也是目前最让我不开心的。我其实很希望和她们成为好朋友，我也经常迁就她们，可她们怎么能这样对我呢？

师：她们怎么对你了？

生：比如我们班的芬芬（化名），以前和我关系很好的，可是现在变了。（低头不语）

师：嗯，具体有什么不一样呢？（通过询问鼓励小阳说下去。）

生：现在我们之间会经常发生这样的事情，以前我们都是同进同出，可现在她只有在没人陪她的时候才会想到我，而且还总说我整天板着个脸。

师：你是不是觉得自己从来没对她板过脸？（和小阳澄清。）

生：也不是，有几次，我知道芬芬已经约过别人，而那人没空她才来约我，所以我很不高兴，但我还是陪她了。可是老师，这样我总觉得自己是在乞求她一样。

师：既然很不高兴，你为什么还要陪她呢？（当觉察到学生心理和行为不一致的时候，可以适当面质，即当面质疑，以帮助他们更好地认识自己。）

生：因为当时不会有这样的感觉，过后想想就觉得为什么总要我迁就她，越想心里就越不舒服。

师：如果当时你拒绝芬芬的要求，心情会不会好点儿呢？（提出假设，引导小阳从另一个角度看问题。）

生：（想了想，很肯定地说）如果直接拒绝她的话，我也会很难过的。

师：为什么呢？

生：直接拒绝她的话，她肯定会说我，可能以后都不会理我，说不定还会在别的同学面前说我的坏话。

师：你确信你拒绝后她会这样做吗？

生：（不是很肯定地说）应该会吧。

师：那老师问你，你以前不开心时是怎样调整自己的？（了解学生已有的解决此类问题的经验。）

生：我会自己听听音乐，有时我会跟我表哥说，他会安慰我。

师：你为什么不和其他人说而和你表哥说呢？（此处及以下都运用产婆术式辩论技术追问。）

生：因为我觉得我表哥理解我，也相信我。

师：那同学有时候向你诉说或发泄，是不是也有可能觉得你值得信任呢？（询问，把小阳已有的经验和现实相结合。）

生：这——我没想过，听您这么说，也许是的。也许他们觉得我天天很快乐，又很大方，就是对我做得过分了，我也不会真放心上吧。

师：但实际上你在意了，而且把这种情绪传达给她们了。如果你在向你表哥倾诉的时候，你表哥表现得很不耐烦的话，你还会向他倒苦水吗？

生：不会。

师：当你把你的情绪传达给你的同学时，你认为她们还会继续亲近你吗？（引导小阳用自己的经历“换位思考”。）

生：所以她们后来就疏远我，不跟我亲近了，是吗？但她们的确总是拿我当替代品啊。

师：你的朋友不止一个，是吗？

生：在小学的时候是的，上了中学后我觉得我没什么朋友了。

师：好，下面我们来假设一下，你约芬芬去食堂吃饭，而她正有事要等会儿才去，让你先走，你会不会考虑约另外一个好朋友晨晨？（模拟情景，引导小阳进行角色体验。）

生：会的。

师：在约晨晨的时候你有没有在心里把晨晨当成芬芬的替代品？

生：我决不会这样想的，她也是我的好朋友。

师：如果正好晨晨也有事情，拒绝了你，你会不会以为她是故意的？以后都不理她呢？

生：怎么会呢？

师：怎么不会呢？按你前面的说法，可能晨晨认为你把她当成了替代品，所以她不愿意和你一起走。（面质，指出小阳前后矛盾的地方。）

生：我不知道，但我想她如果是我的朋友，应该了解我的，不会这么想的。

师：你凭什么认为她应该了解你，不会这么想呢？你根本就不是第一时间找的她啊？她也可以有和你之前一样的想法啊？（运用黄金法则，即你要像你要求别人做到的那样来要求自己。）

生：（笑了，很羞怯）老师，我懂了，我们都只是我们自己，不会是谁的替代品，也不能把自己的感觉当成他人的感觉。

师：你前面提到同学疏远你是因为你没有满足他们的需要，比如金钱；爸爸妈妈不关心你，不理解你。是不是可以通过改变想法来改变情绪呢？（建议小阳尝试用合理情绪理论解决困扰自己的问题。）

生：（思考）好像是可以的，真正的朋友是不会只想着我能给她钱或时时满足她的要求的，有时候可能只是我自己的错觉；爸爸妈妈不理解我，可能是我没有在他们面前表露自己的真实想法。上了初中后我一直不开心，也许真的是我自己想太多了。

师：你有这样的想法老师真替你开心，在以后的学习生活中你还可以怎样来调整自己呢？

生：我觉得也有可能我平时没什么学习压力，也没有目标，所以才会胡思乱想。老师，在学习上您能帮助我吗?

师：老师是心理老师，不能对你进行学科辅导，但老师可以帮助你制定学习目标，督促你完成目标。

生：太好了，那我回去制定学习目标，您一定要检查我的目标完成情况哦!

通过这样的引导，小阳深刻领悟到，在与同学交往方面，要真诚，要有宽容心，要经常站在他人的角度想问题，努力以自己的优点吸引同学，而不能以利益换友谊，与异性相处要保持适当的距离，多在集体活动中感受快乐；在与父母相处方面，要多与父母沟通，在父母面前不掩饰自己的真实想法，给父母了解自己的机会。

经过三次辅导，小阳的情绪有了很大的变化，表示对同学间的关系有了许多新的认识，有时在自己想不通的问题上已经学会换个角度思考，同学也说她“阳光”了。特别是最后一次来的时候她面带笑容，谈话的重点也从与同学、父母的关系转移到学习上了，有强烈的“学习补差”愿望，并为自己制定了奋斗目标，而且对自己充满信心。

>>> 曹伟丽　江苏省丹阳市实验学校

第二辑

让错误认知转个弯儿

每个学生都有向上的种子

这已是多年前的事了，至今回想起来，我仍然会为人性中那积极向上的力量所感动。

那时我从事心理咨询工作不久，为了打开局面，我为学生做了一些心理测试，并给学生一些必要的解释。孩子们对心理咨询既紧张又好奇，所以他们常三五成群地来到我的咨询室打听测量结果。

英子（化名）就在那时走进了我的视线。刚开始，她总是和大家一起来，别人咨询，她就在旁边静静地听。慢慢地，她开始单独来，每次一跨进门就说："老师，我没什么，我挺好的，只是来玩玩。"她总是拒绝到咨询室里和我交谈，只肯在办公室里和我说说话。我尊重她的意见，因为我知道，尽管她不愿正式咨询，但她来找我本身就说明她需要帮助。于是，我决定就在办公室里和她交流。因为不是正式的咨询，我也就没制订咨询计划，只是提醒自己要"接纳、尊重和真诚"，要有良善之心。

我们的交谈是在她的抱怨声中开始的。

这个世界很丑陋、很冷漠，没有人会关心你、在乎你的死活。人人都很虚伪、自私，表面上彼此都很热情、很友善，背地里却说着对方的坏话。如果你比别人好一点儿，他们就会不高兴，会嫉恨你，所有的人都这样。

这个世界很现实，没有钱、没有权，你就要受人欺负，被人看不起，就没有地位，没有说话的份儿，就要过着穷困潦倒的日子。勤奋、刻苦是没有用的，那都是骗人的鬼话，世道是不公平的。

我这么胖，这么难看（其实她一点儿都不胖，也不难看），学习这么差，不聪明，也不勤奋，又不会和人交往，同学都不愿搭理我。我

没本事，也没特长，没有人看得起我。

…………

她就这样愤愤不平又略带悲凉地诉说着，我则放下手头的活儿，坐在她的身旁专注地听着，努力去体会她的感受。尽管心中时不时会冒出想批评和教育的冲动，但仍极力克制住自己，耐心听她把话讲完。即使听到她用挑衅的语气说“外国的月亮就是比中国的圆，外国人的素质就是比中国人高”等荒谬的话语时，我还是会先询问她“为什么这样认为”，尽量不将自己的价值观强加给她。当然，有时实在忍不住也会教育她一两句，她就会幽幽地看着我。

那时，我咨询的功力还不够，不能完全领会她这些抱怨后面的真实情感，不过，我努力做到的尊重和接纳，她还是感受到了。慢慢地，她开始和我说起她的生活。她来自外来务工家庭，姐弟三人都在上学，家里经济困难，每次学费都不能及时交上，这让她感到非常羞愧和难堪，一到开学时就很难过。父亲在外面还有别的女人，对她很不好，不愿给她交学费。家中“战争”不断，父母的打骂使他们姐弟也变得脾气很暴躁，经常吵架。有一次父母又争吵，她在旁边吼道：“你们不要吵了！”父亲当时走出去了，晚上回来就给了她一记耳光。现在，她已不会为这些事情难过了，看到他们吵架就像什么事也没发生一样……她平静地说着，脸上看不出悲与愁，就像是在说别人家的事情。我这才明白，为什么她总是抱怨这也不好，那也不行，原来她的生活环境如此糟糕，我对她充满了怜惜。

她不定期地来找我聊，有时看到我没空，就在我身边静静地待一会儿。不知什么时候，我发现她虽然还是在抱怨、指责，但说话的语气变了，变得轻快而活泼。一次，当她又指责同学对她很冷漠，见了面只淡淡地打声招呼时，我问她是怎么和同学打招呼的，她说也是这样。我微笑着问她：“你自己淡淡地招呼人，却要求别人很热情地招呼你？”她愣愣地看着我，若有所思。我开始在她抱怨的时候说出不同的看法，在她诉说自己不好时，要她也说出自己的优点来，而且要说得详细和具体；在她指责不公与丑陋时，要她自己做点儿什么去改变。

就这样，我们俩在办公室里随意地交谈着，没有什么限制，也没有什么顾忌。我没把这当作一种咨询，只是尽力提供一个安全、接纳的环境，听她说说她的心事和苦恼。

慢慢地，她不来了。等再次看到她，已是四五个月之后了。这一次，她直接而自然地走进了咨询室，开始时依然抱怨社会黑暗、人类丑恶、父亲自私（因为开学还是不肯给她交学费），但她开始说起同学们的好；对老师则心存感激，因为老师知道她家境困难，不忍催她，先给她垫上了学费；她也开始对自己的学业表示满意，为上一学期自己所取得的进步感到高兴，对自己为一位老人所做的善举感到骄傲和自豪。我欣慰地看到这些变化，虽然生活依然艰难，她却开始感受到生活中的美好与光明。

最后一次看到她，是她快毕业的时候，陪着一位朋友来咨询，她热忱地对着愁眉苦脸的朋友说"咨询真的很有用"，还笑话朋友怎么跟自己以前一样小心眼儿。她高兴地告诉我她的现状：老师对她的重视、同学对她的尊重、学习上取得的成功、自己怎么在为班级服务，等等。说的时候，笑靥如花。

英子的非正式咨询，对我的影响却比我后来做过的许许多多的咨询要深远得多。因为这件事使我真切地感受到积极向上、自我肯定的力量，就像一颗种子，只要温度、湿度适宜，环境、气候合适，它就能够发芽生长。当学生心里淤积了太多负面情绪、压抑了太多痛苦悲伤的时候，老师要做的是给学生一个宣泄的出口，而不是说一些大而无当的空话。这时的学生，需要的只是一个耐心倾听、完全接纳的对话者，这个人不一定非要是心理咨询师，普通老师、班主任、父母、朋友、同学都可以。

那以后，每当遇到困难，失去信心和动力时，我常会给自己泡上一杯绿茶，静静地坐一会儿，想想那个叫英子的姑娘，心中就又有了前进的勇气和力量。

>>> 成淑云　江苏省南通市第一初级中学

矫正盲目比较，明确自我定位

案例描述

那天，小雨走进了我的心理咨询室。从班主任处了解到，小雨成绩优秀，进入初中后一直是班级第一名；多次组织、策划班级主题班会活动，各方面能力都很强。家庭教养方式民主、开放，父母对子女学习成绩并无硬性要求。进入初三后，小雨感到压力很大，担心不能继续保持第一名的位置，怀疑自己的学习能力。具体表现为：食欲下降，睡眠严重不足，身体开始消瘦；学习效率下降，注意力不集中；追求完美，对同伴要求苛刻，导致人际关系紧张。

辅导过程

一、情境梳理

引导小雨进行情境梳理可促使其客观、科学地认识自己所面临的问题，跳出“一团糟”的混乱胶着状态，有利于进一步探索问题成因。以下为情境梳理过程。

老师：张老师跟我说了你的情况，他感觉你的压力特别大，对学习造成了一些影响，是这样的吗？

小雨：嗯，最痛苦的不是学习成绩的问题，因为开学以来还没有考试。我最烦的是晚上睡不着，根本不想学习，我不行了，想放弃了，但是又无法真正放弃，不放弃又没法静心学习，快崩溃了……（小雨的表情很焦急，跟刚进咨询室时一样，有些僵硬地坐在椅子上。）

老师：别着急，我们按顺序慢慢说好吗？先说身体的反应，食欲和睡眠具体有些什么变化？（此处运用“具体化”技术，可以帮助小雨理清混乱的思绪，跳出“一团糟”的不合理认知。）

小雨：吃饭有一些影响，感觉不像以前那样迫切地盼着吃饭了，好像完成任务一样。睡觉特别不踏实，有时躺在床上很久都睡不着，睡着了会做很多梦，醒来跟没睡一样，仍然又困又累。最近我身边的人都说我瘦了，脸色也差。

老师：很好，很有条理，这样我就能清楚地了解你的状况。学习的时候是怎样的呢？

小雨：听课的时候完全不知道老师在讲什么，随便想点儿什么就想完了一节课，或者走神到半路上又回过神来，开始自责，这样更听不进去了。做作业的时候更喜欢乱想，越想越没效率，越没效率越乱想，我都快崩溃了。

老师：你看，我只提了一下，你就能有条理地给我描述你的状况，可见你的学习能力是相当强的。（此处运用“积极关注”和“强化”技术，引导小雨关注自己的优点，缓和过于正式的咨询师与来访者关系所带来的紧张气氛，有利于获得小雨的信任。）

二、原因分析

心理咨询是助人自助的过程，改变的核心力量是来访者自己。对于问题成因，尤其需要来访者自己深入分析和理解，并与咨询师达成共识，否则容易出现咨询师“自话自说”，来访者油盐不进的情况，影响咨询效果。以下是针对小雨的状况进行原因分析的过程。

老师：通过你的梳理和总结，我大概明白了你的困境——学习成绩一直很好，你希望自己能保持这种优势，但很担心保持不了。这种担心影响了你的整个学习过程，使你无法安心学习和休息，这种负面影响又加剧了你的担心，让你陷入了“越急越学不进，越学不进越急”的恶性循环。是这样的吗？（此处运用“对质”技术，有利于确认咨询师对情况的把握是否准确。）

小雨：嗯，对。

老师：很好，那我们现在来分析一下为什么会出现这种情况。我想先听听你的看法。（敦促和协助小雨进行自我分析，使其认识到自己的问题必须自己解决，小雨的态度和思考程度决定着辅导效果。）

小雨：我认为我的问题就是爱逃避，遇到困难之后不去想怎样解决，就知道逃避，但又不能真正放弃，不能纵容自己真的堕落下去，所以很纠结。最后搞得自己吃不下，睡不着，学不好，但问题仍然是问题，没有得到解决。

老师：嗯，你说得很好，对自己的问题看得很透彻嘛。（通过鼓励缓和气氛，并促使小雨继续找问题，挖根源，促进其思考。）

小雨：（苦笑）是透彻，但想得再透彻也跳不出这个纠结状态啊，为什么呢？

老师：是啊，为什么呢？（此处运用“重复”技术，将问题抛回给小雨，促进其思考。）

（小雨陷入沉思，“沉默”在咨询过程中出现得恰到好处时，不必打断，允许沉默思考，这有助于小雨的心理成长。）

小雨：您之前说这是恶性循环，我要跳出来，就必须打断循环中的某一个环节。

老师：对，这个思维方式太好了！我们来画一下这个循环吧（见图1）。（此处运用“积极关注”和“无条件支持”技术，促进小雨产生对自己问题的控制感。事实上，小雨自己思考出来的方法比老师惯用的更切合实际情况，效果更佳。）

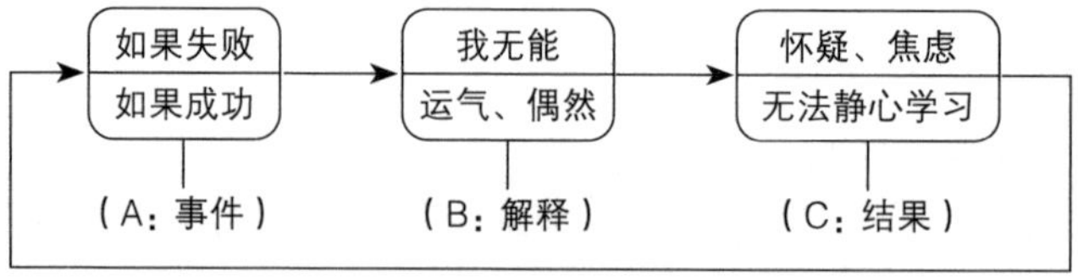

图 1

老师：事件发生之后，你会有一个解释，而你的解释决定了事件带给你的影响，就是这个图中的结果。是这样的吗？

小雨：是。

老师：我们的目标是跳出这个循环，你说要打断某一个环节，我们来看哪个环节最容易被打破。

小雨："事件"不行，因为影响考试成败的因素太多了，如果我能控制的话我就不会担心了；"结果"也是一样，我就是因为无法静心学习才来找您的……那只能试试"解释"这个环节……但这个也难，考得不好当然说明我不行嘛，考得好……也有可能是因为运气，因为我觉得我学得不好。

（老师保持沉默。关键时刻沉默是必要的，在学生做决定的时候老师千万不要越俎代庖。）

小雨：好吧，就应该从解释下手。如果失败，我应该怎么解释呢？

三、解决策略探讨

老师：这就是我们今天要完成的主要任务。你发现了吗？你对事件的解释总是对自己毫无益处。讨论这个问题之前，我想了解一下，你定义失败和成功的标准是什么呢？

小雨：如果下次考试还是第一名或者下降得不是很多的话，就算勉强成功吧；如果下降很多的话，就算失败。不过，失败倒是意料之中的事。

老师：你是说，名次其实就是你定义成败的标准？但为什么说失败是意料之中的事？

小雨：是啊，您看我现在状态这么差，我真怀疑自己已经不行了……（小雨表情痛苦，我想，这就是她之前说"想放弃"和"快崩溃"的状态吧——因为担心考试失败而否认自己的能力，从而怀疑自己的价值。）

老师：好，喝点儿水吧，别着急。我明白了。（当反复困扰小雨的思维出现的时候，运用"思维阻断"技术可以缓解这种思维带来的紧张情绪。）

老师：好些了吧，当你想得很烦的时候强迫自己停止思考，这其实是一个可以让你不那么痛苦的技术。这个技术是需要练习的，慢慢你会发现它的好处。（教给小雨必要的技术并要求她注意练习，有利于巩固辅导效果。）

老师：好，放松些了吧，现在我想提出我的两点看法，跟你的看法不一样。第一，考试失败并不是你这个人的失败。从“考试名次下降”推导出“我很无能，我已经不行了，快崩溃了”是一个不合理的自动思维。我们能评判事件，但不能评判人。比如说，我们会做错事，但并不说明我们是坏人；我们会失败，但不能说明我们是愚蠢的人。考试成败只能部分解释我们的学习行为是否有价值，并不能解释我们个人是否有价值，能理解吗？（此处运用“质辩”技术，以矫正不合理认知。）

小雨：嗯，好像是我想得太糟糕了。

老师：很好，我们现在不评判你这个人是否有价值，好吗？我们来具体看“学习成败”这件事情，也是我要说的第二点，我不赞同你将“考试名次”作为判断“学习成败”的标准。

小雨：啊？

老师：你看我的手，白吗？（恰好那天我穿着黑色外套，我以黑外套为背景把手张开给她看，她疑惑地点点头。）

老师：现在呢，感觉有变化吗？（我把手贴在雪白的墙面上。）

小雨：嗯，您是说，背景不同，评价就不一样……也可以说，比较的标准不一样，比较出来的结果就不一样。

老师：是啊，你很聪明，在比较标准不稳定的情况下，评价不可信。考试名次是一个稳定的标准吗？

小雨：不是，名次还受到其他同学考试成绩的影响。名次靠前并不能说明我优秀，也可能是对手表现不好。

老师：嗯，你明白了。况且，名次本来就是一个有局限性的概念。在咱们班，你保持第一名，那在全校呢？在我们全县呢？甚至高考的时候你是与全市的考生竞争，你还能保持第一名吗？……如果把保持第一名当作目标，你会非常累的。

小雨：嗯，好像是挺傻的……（她笑得很轻松，我也松了一口气。“质辩”是具有挑战性的，如果挑战成功，双方能达成共识，有利于矫正小雨的不合理的想法；如果挑战失败，小雨不理解自己认识的不合理性，矫正就无从谈起了。）

小雨：那我应该以什么为标准来判断我的学习到底是什么水平呢？分数肯定也不行，因为每次考试的内容和难度都不一样……（她再次陷入深思，我也一言不发，因为这种沉默在心理疏导过程中是很有建设性的。）

老师：我可以给你一个建议，要找到自己的位置很简单。初中三年的知识从数量上来讲是相对稳定的，通俗点儿说，就是考试大纲所要求的内容是相对稳定的，如果以这个为标准，你看怎么样呢?

小雨：老师您是说，我只要考虑到底掌握了多少知识点，不用理会分数和名次?

四、策略实施及巩固

老师：嗯。以知识点为标准来评判自己的学习，听起来很简单，但要真正去实施才有效。我们总结一下你要注意的一些事情吧。

小雨：当思维很混乱的时候，就转移注意力，打断思维；我对事件的“解释”有一些问题，过于夸大了事情的负面影响，这是我要改正的；要以相对稳定的标准来评判自己，这样才能找准自己的位置；只评判行为不评判人，考试成败跟我这个人是否有价值无关。

案例总结

从症状判断，学习压力过大、自我认识模糊，导致小雨不自信，自我认同度下降，怀疑自己的学习能力。不自信属于自我意识问题，即对自己的定位不明确，盲目比较。针对这一问题，老师要协助小雨建立稳定的自我认识系统，排除盲目比较、糟糕透顶等不合理思维。要排除不合理思维，必须使小雨认识到自己的思维是不合理的，这是重点，也是难点。在这个环节我用到了“对质”“思维阻断”等咨询技术，效果明显。

心理咨询是一个助人自助的过程，就是说，老师的任务是协助小雨自己认清自己的问题并寻求解决方法，而不是代替小雨做决定。小雨参与程度越深，辅导效果就越明显。这一点很重要，所以，本案例中我多次要求小雨自己梳理和思考。

>>> 颜晓荣　重庆市中山外国语学校

用理性和关爱驱散学生的心理阴霾

案例描述

小景（化名），2014 届文科班学生，戴着一副黑框眼镜，很斯文。他非常有责任心，做事细致，考虑周到，为人谦和，人缘很好。在高中前两年学习中，他一直担任我班的副班长，我对他非常满意，几乎把他当成了左膀右臂。没想到，高三那年他出现了心理问题。

那是 2013 年 12 月初的某个周一晚上——离高三上学期期中考试还有一个星期，我正在走廊外值班看晚修。小景朝我走过来，说："老师，我能跟您聊一聊吗？""当然可以啊！"当时，我以为他又是要汇报一下近期的班级工作。哪知他迟疑了一下，身子开始发抖，眼含泪水，说："老师，我好怕，再过 7 天就要到 12 月 9 号了！"我很诧异，绞尽脑汁也没想起 12 月 9 号有什么特殊，便问道："为什么呢？12 月 9 号是什么大日子吗？"他的身子持续颤抖，说："4 年前的 12 月 9 号，我有两位亲人去世，以后每到这一天，总会有不好的事情发生，我现在又开始有强烈的预感了！"说实在的，做了 7 年班主任，我还真是第一次碰到这种情况，一时之间不知道该说些什么好，只记得当时我给了他许多安慰，帮他平复心情，引导他理性思考。

然而一个星期后，他又来找我，这次他颤抖得更厉害："老师，我的预感又成真了，这次期中考试我考得很差很差……怎么办啊？我觉得以后的考试，我会考得越来越差的。"

几个星期后，班长来找我，说："小景最近行为很怪异，他肠胃不舒服，校医说是肠胃炎，但他不相信，硬说自己患了绝症，还写了遗书，放在小杰那儿。"

案例分析

在小景第一次跟我谈话以后，我觉得他应该是有心理问题的，当时就建议并介绍他去找学校心理辅导老师聊聊。但他拒绝了，认为自己没有心理问题，或许他不愿对陌生老师敞开心扉。

没办法，我只好硬着头皮亲自上阵。我就小景的问题向心理辅导老师请教，并查阅了大量相关文献，终于对小景所面临的问题有了比较清晰的认识。

这是“自我实现的预言”心理效应的一个典型案例。“自我实现的预言”这个名词最先由罗伯特·默顿（Robert K. Merton）提出。大意是个人对现状或未来的错误认识，由于长期的自我暗示作用，最终竟然变成了现实，这进一步强化了自己对新预言的认同，从而形成恶性循环。该案例所体现的心理学现象，又可以称为皮格马利翁效应。换句话说，就是你期望什么，就会得到什么，你得到的不是你想要的，而是你期待的。清楚了问题的本质，自然就找到了解决问题的方法。显然，要想帮助小景走出阴影，关键是要改变他的不合理观念。我决定对小景采取合理情绪疗法。

辅导过程

在班长告知我小景的情况后，我意识到他的心理问题越来越严重了。我马上打电话叫上他的母亲，陪同他们一起赶去佛山市第一人民医院，做了一次全身检查，并特别要求每项检查的结果由他亲自去拿，免得他又怀疑家人和老师把不好的消息隐藏起来，故意不告诉他。

折腾了一整天，依然只检查出慢性胃炎。在医院的长凳上等待最后几个检查结果时，我对小景说：“现在总该放心了吧？等了这么久，也挺无聊的，我给你讲个故事吧！”小景非常不好意思地说：“老师，真是对不起，耽误您这么多时间。”“没事，你在班级工作方面帮了我那么多，我早就把你当成好朋友、好伙伴了。好了，我还是给你讲故事吧。”然后我给他讲了古代两个秀才在赶考时遇见棺材，因为心态不同而导致结果迥异的故事。讲完后，我问他：“为什么同样一件事情，却对两人产生了完全不同的影响呢？”小景沉默了许久，说：“因为他们的心态不一样，一位秀才乐观积极，另一位秀才悲观消极。老师，我是不是很像那个悲观消极的秀才？”我欣慰地笑了：“呵呵，有点儿像，但有两个方面一点儿都不像。第一，你比他乐观多了。整个高二一年，我每次见你都是发现你笑容满面的。只是高三压力有点儿大，暂时不适应而已。第二，你比他幸运多了。古代没有班主任，可你有一个像朋友一样的班主任关心你，还有那么多同学关心你，而且现在离高考还有好几个月，时间充裕得很呢！”

又过了一会儿，最后几个检查结果都出来了——全都正常！我打趣道：“小景啊，我还以为你的预感真的很准呢。今天是周二，双色球开奖，本来还想让你帮我预测一下的，看来你的特异功能也是假的，纯属炒作吧！”他红着脸低下了头。

我继续说：“现在有件非常棘手的事情，你愿意帮我吗？”他马上抬起了头，两眼放光，说：“当然愿意啊！”见他已经进入我设的“套”，我暗自得意，说：“进入高三也有两三个月了，大家都开始拼命学习，竞争确实挺激烈。根据以往的经验，可能会有很多同学逐渐出现各种各样的不适应或是心理问题。当然，只要尽早发现，及时调适和干预，问题都是可以解决的。但我一个人确实忙不过来，而且大部分时间我不可能待在教室里，很难及时发现问题，你若能帮我，就再好不过了。”小景挠着头说：“可是，虽然我对心理学也很感兴趣，但我真的一点儿都不懂，及时发现同学们的心理问题都很困难，更别说干预和调适了。”我拍着他的肩膀说：“放心吧，我借两本书给你，你只要认真学习，肯定没问题的！”

我借给了他两本书，一本是《心理暗示与自我暗示之柯尔效应》，另一本是《控制焦虑》。通过一段时间的学习和互动交流，在助人的驱动下，小景实现了自我帮助，他的心理问题逐渐得到了缓解。

案例总结

学生一进入高三，压力陡增，一些抗压能力弱、有心理阴影或潜在心理问题的学生，其问题在高一、高二时尚未表现出来，往往容易被忽视，但很可能在高三时集中爆发。维护学生心理健康，应该作为高三班主任的核心工作之一。

从该案例中，我觉得至少可以得出以下几点启示。第一，班主任要与学生建立起平等、信任的和谐关系。这样，当学生有困惑时才愿意去找非同龄的倾诉对象。第二，帮助学生解决心理问题，关爱很重要，但更重要的是理性精神、科学态度和专业知识，因此班主任必须加强学习，尤其是学习心理学相关理论和实践知识，如此才能及时和准确地帮助学生解决心理问题。第三，要充分发动班干部和其他学生，相互关心，共同构建心理问题预警机制，在第一时间发现问题，防患于未然。

>>> 任登峰　广东省佛山市第二中学

让错误认知转个弯儿

案例描述

周三的一个课间，小梅（化名）红着眼睛来办公室找我，把我叫到外面后，眼泪顿时涌了出来，低着头脱口而出："老师，给我开个出门证吧，我不念了！"一句话把我惊呆了——小梅可是优秀学生，何出此言呢？

我赶紧追问道："小梅，能不能告诉老师发生什么事了？"

"老师，我在这儿念不下去了！"她委屈地说。

"上节是数学课，到底发生什么事了？"我很着急，我意识到课堂上可能发生不愉快的事情了。小梅哭得更厉害了，却不说话。

"不说，问题如何解决？就是不念，你也该给我个理由吧？你要是不说，我就去问别人！"我提高了音调。

见状，她胆怯地哽咽着说："老师，我没脸待在班里了……今天数学课上，老师叫我回答问题，因为准备不是很充分，一紧张犯了一个很低级的错误，同学们笑话我，老师也'损'我一大顿，借题发挥，一直把我批评到下课！以后我还有啥脸待在班里呢？老师您说我该咋办？您就让我走吧！"

分析诊断

按常理，学生出现类似"糗事"不足为奇，可为什么小梅会有如此反应呢？问题出在哪里？该怎么办？

我强迫自己尽量冷静下来，以便快速分析原因，思考对策。小梅是优秀学生，自尊心强，今天这番经历让她感到难堪是一定的。可是，她反应如此强烈，肯定另有原因。现在回想起来，小梅平日里穿着很讲究，她特别注重自己的形象，很显然十分在意别人对自己的评价。“同学们笑话我”“老师也‘损’我”“我没脸待在班里了”等一系列想法表明，她对今天这件事产生了不恰当的认知，对这件事的后果预测是消极的，当下这些负面的想法使她把自己一下子全否定了，所以下意识地选择了逃避——放弃读书。如果能指导她学会正确看待失误、评价自己，问题自然就会得到解决。

问题的根源找到了，可现在她情绪很激动，一定很敏感、很脆弱。那该如何让她冷静下来，如何让她接受我的指导而又不受到伤害呢？现在直白的说教甚至批评，对情绪波动大且处于青春期的她而言，效果不一定好，甚至还可能激起她的逆反心理，那样做显然是很冒险的。

想到小梅聪颖、领悟力强，我灵机一动——不如和她转个弯儿。

辅导过程

“小梅，今天你在课堂上出现了一个小小的失误，老师知道此时你的心情很糟糕，可是在成长的道路上，又有哪个同学没犯过错误呢？你是一个聪明、理智的女孩，今天这个小困惑，我们一起来面对，好吗？”我尽量温和地说。见小梅抬起头来注视着我，我知道机会来了，便接着说：“你担心老师和同学们以后会改变对你的看法，是吧？”小梅委屈地点了点头。“现在你也只是担心、猜测，事情怎么样还不一定，是吧？”

见她基本平静下来，我又接着说：“谈到这儿，老师想起了心理学中的‘伤痕实验’。科研人员在志愿者的脸上做出一道逼真的、触目惊心的‘伤痕’，志愿者被允许用镜子看看化妆后的效果，然后镜子就被拿走了。之后，化妆师表示需要在‘伤痕’表面再涂一层粉末，以防止‘伤痕’被误擦掉。实际上，化妆师用纸巾偷偷擦掉了化妆的痕迹。对此毫不知情的志愿者，带着并不存在的‘伤痕’出门体验和观察人们的反应。在规定的时间内返回后，志愿者都叙述了相同的感受：感受到了人们惊诧的眼神、恐惧的目光以及粗暴无理地盯着自己的脸看！实际上每个志愿者的脸上什么都没有，和平时一模一样。为什么那些志愿者会得出同样的消极结论，具有相同的消极感受呢？”我用期待的眼光看着小梅。

小梅若有所思，过了一会儿，她低声说：“是那些人自己的心理在作祟吧？”

我握着小梅的手兴奋地说：“孩子，你真聪明！是错误的认知影响了那些人的判断，这是他们自己用不正常的眼光看待自己的结果。一个从容的人，感受到的大多是平和的眼光；一个自卑的人，感受到的大多是歧视的眼光……现在想想，当同学在课堂上出现失误时，你曾笑过吗？”

小梅回答说：“笑过！”

“那你的笑是‘耻笑’吗？会因为他出过错就从此完全否定他吗？”

小梅摇摇头说：“就是感觉可笑，多半不到下课就忘了。”

“那同学们今天笑你，现在你推断一下，是‘耻笑’吗？从此大家会瞧不起你、不理你了吗？”

“现在想来应该不是，看我哭着出来，小丽和另一个女同学还跑来安慰我呢！”小梅此时轻松了许多。

“所以，你之前的担心、猜测是不是不自信的结果？人非圣贤，孰能无过？因为一个小小的过失你便不能原谅自己，甚至否定自己，小梅，这样可取吗？换个角度想想看，今天你出了错，老师批评你，对你严格要求，是因为对你的期望很高，是不是？虽然当时有同学笑话你，但是同时你又得到了朋友的安慰，感受到了友谊的珍贵。这些都是无价的。你能感受到幸福吗？”听到这里，小梅稚嫩的脸上现出腼腆的笑意。

“孩子，今天的这些不愉快，来自哪里呢？”我进一步启发。

“老师，是我没能正确看待自己和自己的失误。我明白了！就像您说的，只有我自己才能决定别人看我的眼光。我要相信我自己！”

“真了不起！孩子，那如果现在让你很自信地回到同学中去，你能做到吗？”小梅坚定地点了点头。

“小梅，太棒了！老师真为你自豪！”

案例总结

梳理这个案例，我先是找出问题的症结，设身处地从小梅的内心感受出发，用“一般化”技术指出她的困惑是很多人都会经历的，使她的情绪稳定下来。然后，用故事说话，委婉地对她进行启发、教育。最后，引导她换个角度看问题，从事件中寻找积极因素，帮助她理智、勇敢地面对失误。找准方向，转了一个弯儿，小梅的心结打开了，脸上又绽放出笑容。我想，作为班主任，我仅仅是履行了职责；对小梅而言，这会让她终身受益。

中学生的内心世界是丰富的，同时也是脆弱的、稚嫩的。如果我们在教育、引导的过程中，只是直白地告诉他们应该怎么样，不应该怎么样，不但低效，甚至可能会伤害他们。所以，我们要灵活机动，走进学生的心里，找出症结所在，然后因人而异，因势利导，及时、高效地帮助他们解决成长中的各种问题。

>>> 陈传超　山东省沂源县河湖中学

运用认知失调理论妙“治”叛逆学生

开学，学校进行仪容仪表检查，我班梁同学居然剃了一个无比醒目的“鸡冠头”，还把头发染成了黄色，这副样子在班里可是相当扎眼。作为班主任，我一看心里就明白了——这孩子开始展示自我、吸引他人注意了，此时多半还伴随着青春期逆反，因此不可操之过急。

笔者担任初中班主任多年，深知多数初中生的心理处于儿童心理模式被打破而成人心理模式又尚未完全建立的特殊阶段。在这一阶段，他们为了表现自己的独特性，常常出现许多不太成熟的想法或做法。我决定采用“认知失调”策略解决这一问题。

一、以认知失调理论应对叛逆

认知失调理论是由美国社会心理学家利昂·费斯汀格（Leon Festinger）于1957年首次提出的，主要阐释人的态度变化过程。认知失调是指一个人的态度和行为等的认知成分互相矛盾，从一个认知推断出另一个对立的认知时而产生的不舒适感、不愉快的情绪。[①] 该理论认为，任何时间只要人们发现两个认知彼此不能协调一致，他们就会感觉到心理冲突，引起紧张不安，这种感觉促使个人形成改变原有认知的动力，达到消除冲突、恢复协调的状态。[②] 其中的认知是指个人对有关环境、他人及个人行为的知识、观点、概念的总称，每个人都同时拥有多种不同的认知。

---

① 迟毓凯. 学生管理的心理学智慧 [M]. 上海：华东师范大学出版社，2012: 77.

② 孙果. 简谈认知失调理论对开展说服教育的几点启示 [J]. 陕西教育学院学报，2012, 28(3).

随着理论的发展，当前的认知失调理论认为，只要人们的态度以及所经历的事和自己良好的自我形象有冲突，就会产生认知失调。

从心理学角度看，叛逆的青少年正处于自我意识觉醒阶段，其认知的独立性开始发展。叛逆的孩子往往是比较聪明的，因为只有认知发展到了一定的阶段，才会产生独立性的需要，所以只有聪明的孩子才能发现成人世界的不足，对成人世界进行批判，进而表现出叛逆。他们最典型的表现就是处处跟你对着干，你说往东他们偏要向西，把老师和家长气得火冒三丈。既然这样，我们可以运用认知失调理论的基本原理，采取最简单的应对策略——你要跟我对着干，我偏不接招；你想方设法"恶搞"，我偏不为所动，绝不大动肝火。相反，我尝试理解你，并认可你，甚至尊重你的这些行为，然后再来慢慢引导你。

二、尊重认知冲突，提出符合学生实际的新认知

针对梁同学的情况，我主要采取了以下措施来纠正其行为。

1. 不直接否定其现有的认知

也就是不要直接跟他说"你不要染发以免影响其他同学""染发属于违纪"，这些指责非常容易引起学生的反感，让学生觉得自己被强迫、被管束，没有自主性，从而无法激发其改变行为的动力。

学生染发，大多是觉得这样会显得很特别，比较有存在感，这种观念支撑着他的不良行为，并且屡教不改。因此，笔者决定从多角度出发，激起学生对自身认知的不满，比如"染发会让你的发质严重受损""染发会引起别人不必要的误会"等，新旧观念的矛盾会打破原有的平衡状态，引起学生认知上的失调，激发其改变行为的动机——学生需要重新调整自己，做出决定，以达到内心新的平衡。另外，根据认知失调理论，如果相互矛盾和冲突的认知有多种，不协调程度也会随之增强。

2. 了解学生的情感需求，提出引起学生情感共鸣的新认知

认知的失调必须建立在情感冲突的基础上。不同的学生需求不同，有的学生特别看重友情，有的更在乎亲情，有的却在乎他人对自己的看法。笔者在充分了解情况后发现，该生染发的原因很简单——跟某个上职中的同学打了个赌，对方用了激将法："你敢不敢染头发？不敢染就是胆小鬼！"于是笔者在与该生聊天时问他："这个同学身上有什么优点？你最佩服他哪里？"结果他半天说不出所以然，他自己也承认这个同学比较自大，说话总是口无遮拦，他就是一时气急才跟这个同学打赌的。事后，他自己也后悔了——染发既花钱又损害发质，而且没能让同学对自己刮目相看，父母还批评他做事不考虑后果。所以笔者劝他找个时间把头发重新修理一下，既体现自己的精神面貌，也让父母放心。第二天他就愉快地去剪了头发，面貌焕然一新。

所以说，只有找到学生的情感关注点，才能找准学生的关键认知，加大学生内在认知的不平衡，使其形成情感上的紧张感，最终促成其态度的转变。

三、说服教育要善用"弱刺激"

认知失调理论认为，人们态度转变的原因在于不同观念之间的冲突，微弱的刺激更可能引发这种冲突，因为微弱的刺激会让人更容易接受，使行为的理由不够充分，更可能引发内在认知冲突。① 因此，老师在矫正学生的不良行为时要善用弱刺激，将态度改变的决策权交给被说服者，促成其思想的内化，最终形成新的态度。运用弱刺激的要点是多用肯定句，少用否定句，比如"染发有损发质"和"你不要染发，否则就是不守纪律"，后者否定的表达对学生来说就是过强的刺激，学生内心深处很难接受，因

① 孙果. 简谈认知失调理论对开展说服教育的几点启示 [J]. 陕西教育学院学报，2012, 28(3).

此在说服时最好少用强烈的刺激，尽量用温和、平稳的语气进行说服，这样有利于学生思考已有观念与新观念的矛盾，重新做出选择。严厉的说服和过分的褒奖都可能让学生更多关注外在的惩罚与奖励，反而会忽视自己内心的真实想法。

>>> 徐秋珍　广东省广州市东圃中学

用心理学技术转化问题学生

我们常常将存在各种不良行为且屡教不改的学生称为“问题学生”。问题学生不是天生的，每个问题学生都有一部可能从出生就开始的充满坏故事的成长史——老师一次声色俱厉的当众批评，家长对孩子某次严重错误的无原则纵容，同伴一次严重伤害尊严的恶作剧，遭受多次语言或行为暴力，等等，都可能成为孩子成长中的坏故事。这些坏故事会慢慢让他们产生自我认知偏差：认为自己没有能力、没有价值，没有人喜欢自己，甚至连自己也不喜欢自己。他们有的自卑，有的狂傲；有的懦弱，有的暴躁；有的无所事事、浑浑噩噩，有的无事生非、暴力伤人……

初中阶段是学生重要的成长期，这些有着坏故事的学生，如果能在这个阶段学会用积极关注的方式发现坏故事里的“好自己”，将以往发生的坏故事讲成好故事，进而将现在甚至将来发生的坏故事讲成好故事，无疑会对他们的一生产生举足轻重的影响。

要把坏故事讲成好故事，可以借鉴心理学中的叙事疗法，引导学生发现并说出事情本身，并且发现自己在处理事情过程中所表现出来的积极品质。初次尝试此种方法的老师应掌握以下要点：①调整好自己的状态，以接纳、真诚、尊重的态度和学生交流；②掌握询问技巧，引导学生尽量详细地叙述事件的过程和自己的真实想法；③老师认真倾听，对自己不认可的地方表示理解，但不要纠缠不放，更不要批评指正；④积极关注学生叙述坏故事时出现的好自己，引导学生发现并肯定自己。

七年级学生程程（化名）因为厌学，已经三天没上学了。班主任建议程程寻求心理辅导老师的帮助，家长和程程同意后，他独自来到心理咨询室。（说明：和学生谈话，最好事先征求学生的意见，尊重学生可以防止他产生阻抗情绪。）

以下为对话实录。

老师：程程，你好，有什么可以帮你的吗？（说明：不能以“你有什么问题”或“你怎么了”作为对话的开头，这种问话容易让学生产生防御心理。起始的问话要体现老师对学生的尊重以及老师作为施助者的身份。）

程程：我就是不想上学，干什么都行，只要不上学就行。

老师：那你是从什么时候开始不想上学的呢？

程程：（想了几秒钟）不知道。

老师：刚上初中时想上学吗？（说明：老师在问话时可能会遇到学生阻抗，此时可以提一个比较好回答的封闭性问题，即可以直接用“是”或“否”来回答的问题。）

程程：不想。

老师：那能说一件小学时你觉得很开心的事情吗？（说明：程程的回答显示出问题并不是出在初中阶段，所以我把话题引导到他的小学阶段。又鉴于程程的情绪一直很低落，谈话氛围不是很好，所以我问了一个学生比较感兴趣并且有话说的问题。）

程程：张老师教我们时，我每天都很开心。她经常带我们一起做游戏，上课时也不骂我们，有一次我考试得了满分，张老师还给了我一块巧克力。

老师：哦，你得了满分，老师奖励巧克力，这种感觉真好，是吗？

程程：嗯，可是小学五年级时换李老师当我们的班主任了，她可狠了。

老师：嗯，五年级时换了班主任，那时候发生了什么事情呢？（说明：不管程程是否主动谈起李老师，我们都可以用心理咨询中的“具体化技术”来引导学生说出事实真相。“具体化”即“何人、何时、何地、有何感觉、发生了什么事、如何发生的”等，可以根据具体情况选择问哪些以及怎么问。使用“具体化技术”的目的是让孩子回到坏故事里，重新看清楚坏故事里的好自己。）

程程：那次考数学——噢，李老师是我们的数学老师，我因生病没考好，好像全年级就3个人没及格。

老师：那你们年级一共几个班啊？

程程：8个班。

老师：你以前数学成绩怎么样？

程程：很少不及格。

老师：嗯，那次其实是个意外。后来呢？

程程：李老师肯定觉得我丢了她的脸——她特别好面子，总觉得自己是全校数学教得最好的，其实她根本没有我们原来的张老师教得好。好像我就是从那时候开始不想上学的。

老师：嗯嗯，你觉得原来的老师更好些。一次没考好，你怎么就不想上学了呢？（说明：老师只需要说出孩子的感受即可，对自己不认可的地方不要纠缠，更不要批评指正。继续询问“发生了什么事，如何发生的”。）

程程：不是，是她非要让我喊家长到学校来，我怎么求她都不行。（此时，程程眉头紧锁，还攥紧了拳头。）

老师：你心里很不愿意喊家长，求老师没用，你有些难受。那最后你喊家长了吗？（说明：老师在和学生谈话时要注意不断说出学生的感受，或者引导学生自己说出感受，这样可以帮助学生学会辨别、体会并接纳自己的各种感受。）

程程：我没喊，我爸在工地上干活，很累，也没时间。

老师：那家里还有其他人吗？

程程：（迟疑了一下）我妈在我很小的时候就走了，我不知道她在哪里。爷爷在厂里看大门，奶奶眼睛不太好，出门不安全。

老师：嗯，程程，你刚才说了那么多，没有一句是说怕挨批，你是因为心疼爷爷、奶奶、爸爸，你告诉老师其实你是一个挺——（说明：老师积极关注学生叙述坏故事时出现的好自己，但不要直接说出来，要引导学生自己发现并肯定自己。老师需要帮助学生习得把坏故事讲成好故事的能力。）

程程：（抬头看了我一眼，有些迟疑）孝顺？

老师：（高兴）对呀！你就是一个孝顺的孩子呀！那后来呢？你爸爸去了吗？

程程：老师打电话喊我爸去的。

老师：是到办公室吗？

程程：嗯。

老师：办公室还有其他人吗？（说明：继续使用“具体化技术”，帮助学生尽可能地回忆起事件的全部细节，继续发现坏故事里的好自己。）

程程：办公室里好像还有好几个老师。

老师：能回想起当时的情形吗？

程程：老师当时特别凶，说话的声音很尖，还很大声，一边说还一边拍桌子，像个泼妇。她说我上课不听讲，做小动作，还影响别人，做作业不认真，还老不做作业——就那么几句话翻来覆去地说。

老师：你是这样的吗？（说明：即使老师知道学生确实有问题，也不要直接指出来，而要试着问学生。当学生自己说出自己的问题时，他就不会逃避或对抗。）

程程：（大声地）我又不是总这样！

老师：你从来没做过老师说的那些事，对吗？

程程：（有点儿难为情）有时候也确实不太听话。

老师：你觉得自己有时候做得不对，所以有点儿不好意思。

程程：嗯。

老师：孔子说过一句话，叫“知耻近乎勇”，就是说，人如果知道自己做得不对而感到难为情，那就接近勇敢了。你做到了。

（程程身子坐正了一些，又有点儿难为情地笑了……）

老师：李老师还说什么了？

程程：李老师让我爸好好管管我。

老师：你觉得李老师说得有道理吗？

程程：其实，学习是我自己的事情，李老师那么训我爸，我心里很难过。

老师：嗯，你说得很好！学习是你自己的事情，你不愿意因为自己犯错而让爸爸挨训，你不仅孝顺，还很有担当。那办公室里其他老师说什么了吗？（说明：继续运用“具体化技术”询问细节，让学生发现坏故事里的好自己。）

程程：语文老师说我的字写得不错。

老师：对，我看你登记表上的字确实写得很漂亮。

程程：其实我的字写得一般。

老师：我和你的语文老师都发现你的字写得好，你却说一般，你发现自己有什么优点呢？（此时，我停顿下来，微笑地看着程程。）

程程：（有些迟疑，试探）您说我谦虚？

老师：是的，是的，你很谦虚。后来你是回到班里去了，还是和爸爸一起回家了？

程程：我回班里去了。

老师：回班里的路上你想什么了吗？

程程：我不想回班里，不想上学，太丢人了！

老师：你觉得丢人，觉得同学们会嘲笑你，是吗？

程程：嗯。

老师：可你还是回到班里了，你说说你是怎么想的？

程程：我还太小，打工也没人要，家里人要是知道我不上学会很难过的；还有，其实我挺喜欢上学的。

老师：你那么小，却考虑到该怎么生活，怎么面对家人，对自己也有准确的认识，真不简单呢！

程程：可能我还是个积极向上的人吧。

老师：我也认为你积极向上。后来你没回班里吗？（说明：此时程程已经找到坏故事里的好自己，老师要及时予以肯定，并继续用“具体化技术”进行引导。）

程程：那怎么可能？我在楼道下面等到打下课铃才回班里去的。

老师：你为什么要等到打下课铃才回班里去呢？

程程：一下课，教室里乱了，我偷偷溜进去，别人不会注意我。

老师：你真聪明，很会化解尴尬，懂得自我保护。

程程：老师，听您这么一说，我好像优点挺多的呢！

老师：（笑着鼓励）嗯，那你说说看，你都有哪些优点呢？

程程：我孝顺，字写得漂亮，谦虚，聪明，会自我保护，还有孔子说的“知耻近乎勇”，我很有担当，积极向上。

老师：嗯，太对了，我们刚才讲到的长处你一个也没落下，这说明你还有什么优点啊？（我又停顿下来，看着程程。）

程程：（大声地）我记忆力强！

老师：是的，程程，你看，一个让你产生厌学情绪的坏故事里藏着一个如此优秀、力量如此强大的你，你觉得还有什么可以打倒你吗？

程程：老师，那如果我明天来上学，同学们会怎么看我呢？再说我好多功课都跟不上，怎么办？

老师：你小学时不就已经有化解尴尬的能力了吗？现在，老师相信你肯定能想出化解尴尬的好办法。至于功课的问题，我们下次继续说一个关于功课的“坏故事”，好吗？

程程：好！谢谢老师！

谈话结束后，程程愉快地离开了。看着他离去的背影，我想，每个人在生命的历程中都会有好故事和坏故事，如果能从各种故事中探索出滋养生命的内容，我们就能更幸福地生活。对问题学生，这一点尤为重要。帮助他们从坏故事里找到好自己，既是老师的职责，也是转化他们的契机。

>>> 王洋　安徽省宣城市广德县桃州中学

静不下心的女孩

案例描述

小叶从小经常因外貌被嘲笑，所以缺乏自信；她的父亲是残疾人，母亲在她9岁时病逝，因此她决心“要通过自己改变家庭”。初中时她学习成绩很好，但进入高中后，成绩大幅下降，这种落差让她很难接受。她觉得自己变笨了，有时甚至听不懂老师在讲什么，而且特别容易走神。她很想好好学习，可是一直静不下心来，常常被各种问题干扰，比如，坐在她后排的同学喜欢说话，同桌学习好、爱炫耀，这些都让她很烦……因为静不下心来，她每天都觉得昏头涨脑，可是控制不了自己。她就此事找班主任谈过心，班主任给了她一些建议，起初有效，可一段时间后又不管用了。于是，班主任建议她来找我咨询。

辅导过程

小叶来到咨询室时，一脸迷茫，低着头，说话时声音有点儿颤抖。我建议她先坐在沙发上，用自己感觉最舒适的姿势坐好，并跟着我一起做放松训练。等到她慢慢放松下来，我们才正式开始交流。

一、了解心理状态

因为我是他们班的心理健康课老师，她比较信任我，所以就把心里话一股脑儿倒了出来。从小叶的倾诉中，我慢慢了解到她的心理状态：她是个懂事的孩子，很有责任感，所以当她不能完成自己的目标时，会有内疚感，会不快乐；进入市重点高中后，她的成绩没有初中时好，有时上课听不懂老师在讲什么，便觉得自己变笨了；同时，她的情绪很容易受周围人的影响，想心无旁骛地学习，却静不下心来。

经过一番理性分析，我发现小叶的问题主要有三个：过得不快乐，成绩不如初中时好，静不下心来。而这三者之间是有因果联系的。因为成绩不如初中时好，所以不快乐，想努力改变现状，却发现自己静不下心来，导致成绩更差，自己更不快乐。这是一个恶性循环，要改变现状，必须打破这个循环。

这个恶性循环的源头是小叶将学习成绩下降的原因归结为“自己变笨了”。我决定从纠正这个错误归因开始，因为只有小叶自己能做出正确归因，她才有动力好好学习；只有学习成绩上去了，她才能重拾自信。

二、纠正错误归因

我给小叶讲解了美国心理学家韦纳（Weiner）的归因原理：无论成功还是失败后，人们都会进行归因。归因的维度有三个方面：内在—外在；稳定—不稳定；可控—不可控。我告诉小叶，根据韦纳的归因原理，她给自己成绩下降所找到的原因——“自己变笨了”，属于内在、稳定、不可控因素，这样的归因方式会导致她丧失改变的动力和信心，而且会产生自卑感。

接下来，我拿出一张白纸和一支笔，跟小叶一起列出了导致她成绩下降的可能原因。例如，不够努力，高中的课程难度增大，周围的同学比较优秀，运气不好（复习的没考，没复习的考了），老师出的试卷太难了，学习方法不对，等等。

之后，我让小叶选出了跟自己有关的原因，并在每个原因后面列出了具体的对策。小叶似乎豁然开朗了，我看到她两眼炯炯有神，脸上露出了微笑。她说：“真是没想到，原来导致学习成绩下降的原因有这么多。看来我想问题有点儿片面，而且老师讲过智商是基本稳定的，所以我认为自己变笨了这个理由确实站不住脚。现在找到了症结所在，我也就知道该怎么办了。”

三、换个角度思考

小叶说：“说实话，我挺害怕学习成绩下降的，因为它是我自信的来源。小时候因为长相不好，我很自卑，后来成绩为我赢得了自信。现在成绩变差又把我打回了原形，我变得跟小时候一样自卑、敏感，觉得所有人都在针对我。”

我说：“这点你分析得很到位，是我们自己变得自卑、敏感了，才会觉得别人是有意在针对自己。情绪 ABC 理论认为，重要的不是事件本身，而是我们对事件的认识和看法。以你刚才说的‘同桌学习好、爱炫耀’为例，不同的人可能会有不同的看法。如果是一个自信的人，会觉得同桌只是爱显摆而已，他会以同桌为榜样，好好学习并且努力超过他，平时遇到不会的问题还会主动请教同桌；如果是一个不自信的人，就可能觉得同桌炫耀成绩是为了打击自己，因此特别讨厌同桌，看到他就心烦，甚至不想继续跟他同桌。”

小叶似乎有所领悟，说：“好像是这样的，初中时我成绩好，也挺喜欢炫耀的，但那时候我其实没什么恶意，只是想跟别人分享自己的快乐；现在换成别人炫耀成绩，我却觉得他很烦。看来是我自己内心的想法影响了我的心情。老师，我想到一个好方法，以后我觉得别人让我心烦的时候，我就把自己放在他们的位置上，想想如果自己做这些事情，可能的原因有哪些，想通了之后也就能理解身边的人了，自然也不会受他们干扰了。”

我称赞她领悟力极强，相信只要她回去后能将今天的思考付诸行动，自然会翻开人生新的篇章。

辅导效果

一个月后，小叶来咨询室找我，说自己经过调整后，现在状态很好，也能静下心来学习了。她还结识了几个好朋友，有了自己的朋友圈，大家都说她比以前开朗多了。

后来，我在学校光荣榜上看到了小叶的名字和她的一张近照，照片上的她笑得如阳光般灿烂。

>>> 王海妮　广东省湛江市第二中学

心理问题“德育化”案例浅析

心理问题“德育化”就是将学生一些属于心理方面的问题上升到道德品质的高度，误将心理素质某方面的偏差当作道德品质缺陷来对待，并因此对学生采取错误的教育方式。这样不仅不能帮学生解决问题，还会起到相反的作用。笔者结合自己对小学德育与心理辅导的研究，以案例形式对这一现象进行分析与阐述，希望与广大同人共同探讨。

一、将表达上的偏差视为撒谎骗人

小学低年级学生的生理和心理发育尚未成熟，形象思维仍占主导地位，往往把自己的想象和实际发生的事混淆，因此容易出现表达不清或表述与事实不符的现象。这是常见的，也是很正常的。可实际工作中，有的老师没把握住这一心理活动规律，错把它当成品质问题，认为是学生故意撒谎骗人。

学生甲心地善良，性格内向。有一次，他见地上掉了一块橡皮，就顺手捡起，想还给失主，刚好打了上课铃，他就随手把橡皮放进了自己的文具盒。下课后，他又把这事忘了。一节课后，有人报告老师橡皮丢了。老师调查发现甲文具盒里的橡皮正是丢的那块。老师询问时，甲因为内向胆小，非常紧张，只是说：“我没偷，我不知道。”结果老师当众宣布：甲是个爱小偷小摸又撒谎骗人的坏孩子。还告诉家长甲的品行不好，周围的同学又做了证。家长本想问个究竟，但见“人证”“物证”俱全，也就无话可说。从此，老师、同学歧视这个“有问题”的学生，家长也时不时责怪他。后来这个学生真的养成了撒谎骗人的恶习。

心理学认为，如果一个人的行为得不到认可，一旦情感上受到挫折，他就会处于一种危险的境地。心理尚未成熟的儿童，如果得不到理解和正确引导，他的是非观念就会模糊起来。学生甲的出发点是帮人捡东西，动机是好的，但由于年龄、性格因素和事件发生时的客观原因，没能及时归还，又没解释清楚，因而被老师谴责，长期遭受冷漠和歧视，以至于真的出现道德认知上的偏差。这些无疑会对其健康成长产生不良影响。

二、将活泼好动视为调皮捣蛋

活泼、好动是儿童的特点。由于性格及自控能力不同，有的学生乖巧听话，有的则调皮捣蛋。出于班级纪律及管理方面的考虑，许多老师喜欢文静、守纪的学生，认为他们是好学生，不会给自己带来麻烦，而将一些外向型学生的活泼好动视为调皮捣蛋，或者认为他们是故意和老师过不去。这种以自己的喜好为标准来评价学生的做法对学生的成长是非常有害的。

学生乙思维敏捷，兴趣广泛，活泼好动，对老师的提问总是对答如流。可是，他上课时总爱逗别人，影响课堂纪律。一位新老师接任班主任后，多次听到其他老师和同学反映他违反课堂纪律，就当着全班同学的面说："乙同学有多动症，总改不了调皮捣蛋的坏习惯，为了使全班同学免遭影响，我们把他隔离开，让他把课桌搬到后墙根。"并要求全班同学监督，只要乙稍有违纪言行就报告给老师。老师会立即给予严肃的批评，并通知家长，要求家长"配合"学校教育好孩子。半个学期后，乙就在家校合力"教育"下，变得沉默寡言，完全失去了活力。

心理学研究表明，越是好动的孩子，思维活跃度越高，自控能力就相对差些。就像学生乙，一方面，因为思维活跃，所以他的接受能力强，对老师的提问经常对答如流；另一方面，他的自控能力差，表现在行为上就是纪律观念淡薄，喜欢做小动作。但这些现象都是儿童无意识的行为，不属于品质问题，老师可以用灵活多样的教学方法和适当的心理辅导帮助其扬长避短。而案例中的这位老师采用不恰当的手段来压制学生乙，扼杀其个性，使他的心理健康受到了影响。

三、将自卑羞怯视为不尊重老师

家庭环境差、智力开发晚、语言表达能力差、学习成绩不好且无特长的孩子最容易产生自卑、羞怯心理。在师生关系方面最突出的表现就是“畏师”，即见了老师不敢抬头，不敢正视，不敢开口。对这样的学生应从心理上对症下“药”。

一天上课前，一位班主任把学生丙“请”到办公室，生气地对她说：“你昨天在路上遇到刘老师时为什么把头一扭、脸一转，装作没看见？刘老师经常给你辅导功课，你居然如此无礼，你马上找刘老师道歉、写检查。”丙想说自己不是不懂礼貌，而是因为自己太不争气，学习太差，见了老师觉得很没面子才这样的。但因过于自卑，话到嘴边又咽了下去，始终没有勇气向班主任解释清楚。后来，班主任又在一次班会上以丙为例“教育”全班学生。从那以后，丙在老师和同学面前更抬不起头，成了品德不好、学习又差的学生。

丙看到老师就回避，其实是因为自卑，并不是不尊重老师。这位班主任的做法使一个心理本来就不健康的孩子出现了更严重的心理问题。

这样的案例，在教育教学中并不少见。对学生的行为盲目下结论而不进行心理分析和辅导是造成这一类失误的根本原因。学生甲面对质疑时无法表述事实，学生乙活泼、好动，学生丙羞于见老师，都有其心理根源。老师不分析、查找其心理因素，不遵循儿童心理规律，不进行适当的心理辅导，只是一概视作品质不好，盲目批评甚至施加精神压力，导致学生心理朝着不健康的方向发展。

因此，要搞好德育工作，减少失误，我们应多研究学生的心理活动规律，把着眼点放在为学生终生负责上，放在为社会培养人才上；努力探索德育工作的新路子，不搞形式化、简单化的德育，这样才能更好地肩负起教书育人的重任。

>>> 陈同亮　山东省平度市大泽山小学

助学生改变不合理信念

一向开朗的班长小岳今天似乎有点儿不对劲，不住地唉声叹气，一副无精打采的样子。

“小岳，”我放下手中待批改的作业，笑眯眯地招呼他过来，“你今天怎么啦？是不是遇到什么事啦？”

“老师，我没事。”意料之中的回答，六年级的孩子已经学会对老师做一些善意的隐瞒。

见他不愿当面说，我没追问，而是和他约好晚上上网聊。

晚上八点，小岳的 QQ 头像准时亮了起来。很快，我们俩接通了语音通话。

我先和他随意聊了几句，缓和一下有点儿紧张的气氛。过了一会儿，小岳好像终于下定了决心，对我说：“老师，我估计我这班长干不了几天了！您赶紧准备让副班长小成接替我的工作吧。”

我一愣：“你要辞职？”

“不是，不过我肯定要被撤掉了。”小岳的声音听起来十分沮丧。

我完全糊涂了：原来是因为他要被撤职了，可我怎么一点儿都不知道呢？

小岳说完闷在心里的话，大概是轻松了一些，说话也恢复了原本的爽快：“我知道自己出了好多差错，我今天想了很久，觉得自己确实当不好班长，您撤了我吧。”

“你觉得我为什么要撤掉你呀？”我有点儿哭笑不得。

“上周二您不在，体育老师检查带毽子的情况，全班就我一个人没带；我前两天跟大磊他们一块儿玩三国杀，还大喊大叫……”小岳像竹筒倒豆子一样说了起来。

听到这里，我有点儿明白了：原来是“不合理信念”的问题。

大学期间学习心理学时，我就接触过阿尔伯特·艾利斯的合理情绪理论。该理论认为，人的情绪及行为反应与人们对事物的看法有直接关系，面对同样一件事情，不同的想法会导致不同的情绪和行为反应。小岳就是因为自己的一些错误产生了不合理信念，具体来说，大概是“绝对化要求”和“过分概括化”的表现。或许在他看来，作为班长就“必须不犯错误”，“因为我犯了错误，所以就不能再担任班长了”。

在这种情况下，最好的办法就是通过引导否定他的不合理信念。于是，我打断了小岳的话：“这么说来，我要撤掉你，是因为你犯了错误，对吧？”

“对。”

“犯过错误的人，是不能被选为班干部的，对吧？”

“对……”显然，小岳也觉得自己这个理由有点儿牵强，想了想，又加了一句：“起码不能犯很多错误。”

“到底犯多少错误算是很多？”

这个问题难住了他，想了一会儿，他有点儿犹豫地说：“像我这样吧。”

“只有比你少犯错误的人，才有资格当班长，对吧？那么，谁有这个资格呢？”我追问道。

小岳不说话了，事实上，似乎真的没有。

我感觉差不多了，于是继续开导他：“你看，之前你也犯过错误，但你改正了，所以大家都相信你，推选你做班长。现在你觉得自己是班长，所以就不能再犯错误了。但是，这可能吗？人非圣贤，孰能无过？过而能改，善莫大焉。这道理你应该懂，是不是？”

“那我还能做班长？”

“只要你愿意，并且能像以往一样，用自己的行动改掉近两天犯的错误。”我的回答很肯定。

小岳想了一会儿，忽然问：“老师，您犯过错误吗？”

我笑了：“当然，而且绝对比你犯的多。”

“那您……”听起来小岳似乎有点儿吃惊。

“很简单，我们在国学课上讲过：君子之过也，如日月之食焉。过也，人皆见之……”

没等我说完，小岳就接出了下句：“更也，人皆仰之。”说完，他笑了，“老师，我明白了！您放心，大家选我当班长，绝对不会是个错误！”

我也笑了。我相信，小岳会是个称职的好班长。事实上，直到毕业，他都表现得十分优秀。

是的，班中的“好学生”们拥有数不清的光环，承受着来自家长、老师和同学的无限期待，但也不免因此产生只属于他们的心理障碍。那些在许多人看来根本不值一提的问题，也许就是某一个幼小心灵中挥之不去的阴影。面对这样那样的异常反应，我们的评价，不仅应当充满关爱，也要有属于老师的那份从容与智慧。

>>> 陈辉　北京市丰台区芳星园小学

“独行侠”转变记

案例描述

小颜，男，11 岁，小学四年级学生，性格较腼腆内向。

那天他是由班主任领到咨询室的，只见他两手捂住脸哇哇哭个不停，个头较同龄人高大且偏胖，一身名牌运动套装，肩上背着书包，拉链没有拉上，可以看到里面胡乱塞着课本和学习用品。原来，刚才在班会课上，当小颜得知他的期中考试成绩很不理想时，他懊恼地捶了一下课桌。恰在这时，他的同桌不知为何轻声笑了一下，没想到他一下子就爆发了，大声哭闹起来，说同学嘲笑他，老师也看不起他，一边哭一边背起书包跑出了教室。老师和同学拖也拖不住他，怎么劝他都不肯回教室，最后班主任只好将他带到心理咨询室。

通过小颜的陈述以及后来我与班主任、家长的沟通得知，小颜的母亲是某小学的语文老师，父亲自己做生意，家庭经济状况比较好。在教育孩子方面，夫妻俩分工辅导小颜，母亲比较严格，对小颜的期望也很高，而父亲比较宠爱他，不赞同母亲的严厉管教，因此两人经常在小颜面前争执，并互相责怪对方。小颜原本在母亲任教的小学就读，学习成绩不错，还担任了班干部，优越感较强。转学后不久，小颜出现了一系列变化：情绪低落，少言寡语，对什么都不感兴趣；自信心受挫，自卑感重，变得敏感多疑；总是闷闷不乐，无法融入新集体；学习兴趣大减，动力不足，拖拉懒散，成绩退步。

分析诊断

综合各种情况可以判断出，转学所引起的适应障碍导致小颜出现一系列焦虑、敏感等不良情绪和异常行为，造成这一状况的主要原因有以下几点。

①家庭方面，母亲给小颜施加了不小的压力，在看到小颜的成绩并不如意时，一味批评指责他不用功，并一直唠叨"现在考不好，以后就不能直升初中部，太丢脸了"。更让小颜意外的是，原本对成绩并不在意的父亲，在得知他的成绩处于班级倒数后，一反常态地没有为他说话，反而紧张、焦虑起来，给他报了许多辅导班。原本渴望得到父母的鼓励与安慰，却遭遇了批评与指责，这些都使得小颜更加痛苦无助。

②学校方面，对小颜转学后的心理状况，老师没有给予足够的重视，在有些事情上处理过于简单，特别是在小颜第一次与同学产生矛盾、第一次考试失利时，没有及时给予关心和疏导，深入了解其内心的想法，使其不良情绪不断堆积。

③个人方面，转学前后老师和同学对小颜的态度形成了鲜明对比，过大的落差使他闷闷不乐。小颜在与同学的相处中比较被动，总等着别人主动找他玩，并以自我为中心，常会因为一些小摩擦发脾气，认为同学欺负他、看不起他。他还经常向老师打小报告，老师调解时，他又认为老师偏袒别人，有意针对他。久而久之，同学们都不太愿意和他一起玩了，他就成了"独行侠"，这使他既气愤、焦虑又沮丧、无助，产生了不合理认知。他希望以优异的成绩获得老师和同学的另眼相看，但事与愿违。第一次月考成绩就处于班级后面，这让小颜的自尊心和自信心受到了打击。在努力了一段时间后，他的学习成绩没有任何起色，于是开始破罐子破摔，认为自己脑子笨，学也没用，态度非常消极，作业马虎潦草或者干脆不做，甚至不愿继续上学。

辅导过程

通过耐心倾听和沟通，我与小颜达成了共识，制定了咨询目标。其中短期目标为：①采用倾听、同感等技术，改善其不良情绪；②采用认知技术，改变小颜“老师和同学都不喜欢自己、看不起自己”等不合理认知以及“自己很笨”等非理性信念，同时给予家庭辅导；③通过行为训练，改变小颜在人际交往中的被动状态，助其与同学、老师建立正常的交往关系。长期目标为：①鼓励小颜参加社团活动，在活动中提高处理人际关系和应对各种生活挫折的能力；②确定合理的学习期望，建立“成功档案”，采用自我激励策略，助其走出自卑，提升自信。

我对小颜的整个心理疏导过程分为三个阶段，每一个阶段都包含两次辅导，具体情况如下。

一、第一个阶段，改善不良情绪，建立良好咨询关系，制定咨询目标

班主任走后，我没有打断小颜的哭泣，而是引导他坐在我斜对面的沙发上，并在他面前的茶几上放了一杯水和一盒纸巾。大约十分钟后，他的哭声渐渐小了，他抬起头看了一眼墙壁上的钟，自言自语：“爸爸怎么还不来？”至此，我才开始了和小颜的对话。以下为部分对话实录。

老师：（递给小颜一张纸巾、一杯水）怎么了，你在等爸爸吗？

小颜：（哽咽着，喝了一口水）是的，我不想待在学校里。

老师：是身体不舒服吗？

小颜：才不是呢！这个学校一点儿都不好，我就是不想待在学校里。

老师：哦，是吗？我是新来的，对这个学校一点儿也不了解，你能和我说说这个学校怎么样吗？

小颜：哼！这个学校的人一点儿都不好，我以前学校的老师和同学都很好。

老师：哦，原来你和我一样都是新来的，你是不是很想念以前的老师和同学？

小颜：是啊，我真想回到以前的学校啊！（眼眶又红了）

老师：我和你一样，我也很想以前的学校。告诉你一个秘密，我因为想念以前的同事和学生还偷偷掉过眼泪呢。如果我是个孩子的话，肯定会像你刚才那样哭鼻子的。

小颜：（破涕为笑）我才不是因为这个哭的呢！

老师：那你能告诉我你为什么哭吗？

小颜：（又开始抽泣）我期中考试没考好，心里已经很难过了，可我的同桌还要嘲笑我，我就忍不住了……

老师：（再递过一张纸巾）嗯，这事的确让人难过！

小颜：您看，您也觉得我的同桌不好吧？实际上，我觉得我们班同学都不喜欢我，不愿意和我玩，就算是和我玩了，也会在玩的时候欺负我。就连老师也不喜欢我，总是偏袒其他的小朋友。

老师：哦，那你能不能给我举几个例子具体说说呢？

（小颜打开了话匣子，略）

在第一次咨询中，我主要运用倾听、共情等技术引导学生释放焦虑和不快的情绪，合理宣泄，并让他觉得有人在关注他，使他感到温暖，建立起良好的沟通关系。20 分钟后他父亲来接他时，他的情绪已稳定下来，并约定第二天再来。

第二天的咨询，他如约而至。从他的叙述中，我知道了他转学的缘由，对他的现状、家庭背景、性格特点和他面临的困惑有了一定的了解。小颜对我的认真倾听和鼓励很感激。我给他分析他现在遇到的最大困难就是不适应，鼓励他“只要我们一起努力，问题一定能解决”。通过与小颜协商，我们制定了咨询目标。

这次谈话中，我发现一件事可能对小颜的影响比较大，导致小颜产生“老师和同学都不喜欢我”的不合理认知。那是小颜刚进班的第二周，一天午自修，班主任让班长负责纪律检查，把讲话学生的名字记下来。当时，坐在他前面的同学向他借水彩笔，在交接的过程中讲了几句话，后来班长只把小颜的名字记了上去，却没有记借水彩笔同学的名字。之后，班主任严肃批评了小颜和另外几个讲话的学生。小颜曾试图辩解，班主任却没有耐心听，坚持让他和其他人一起在全班面前认错。就是这件事，让初来乍到的小颜觉得老师和同学都不喜欢他，以致后来每遇到交往不顺时都用这个认知去套。

在这次谈话结束后，我立刻与小颜的班主任进行了面谈，了解小颜平时的学习和交往情况，并就小颜转学后的心理状态变化和班主任进行了沟通。班主任表示以前从来没有接触过转学生，自己的确疏忽了对小颜的关注与帮助，以后会尽量多关注他，并安排一个比较外向、友好的学生跟他同桌。接着，我在这个班开展了一次以“找朋友”为主题的团体辅导活动，教孩子们正确认识自己和身边的人，学会悦纳自己和他人，并告诉他们如何与同学交往。

二、第二个阶段，改变不合理认知，学习人际交往技巧，进行人际交往行为训练

这一阶段的第一次咨询，我采用认知矫正技术，改变小颜“老师和同学都不喜欢我”“我很笨”等不合理认知。通过认知家庭作业，让小颜进行强化自我训练，记录学校中不开心的事，并进行自我辨析。由于小颜年龄偏小，我对表格进行了简化（见表 1）。

表 1　小颜的心情表

事件	我的想法	我的心情	换一个角度想	哪种想法更好
比如，路上碰到同学，他没有理睬我	他一定是不喜欢我	很不开心、郁闷	或许他没有看到我	后面的想法更好，其实我可以先和他打招呼的

以下为对话实录片段。

片段一

小颜：我觉得自己很丢人。

老师：你有什么证明你自己丢人呢？

小颜：我转学到这里后，成绩一塌糊涂。再这么下去，我肯定不能直升中学部的，您看我丢人吗？

老师：你说得这么严重，是不是你每一门功课都不及格啊？

小颜：那倒不是，七八十分还是有的。

老师：80分不错了啊，可以算优良了。

小颜：可我们班人人都很优秀，有好多人考100分呢。

老师：那么你就从来没有成功过吗？

小颜：也有过，上次数学我就考了96分，全班第四，老师还表扬我了。

老师：哦，你真棒！

小颜：（思索）是真的吗？

老师：那当然了，你不是说你们班个个都是高手吗？你在高手中还能考第四，那不是很棒吗？

小颜：好像是的。

片段二

小颜：我觉得大家都不喜欢我。

老师：是不是人人都对你说过“我不喜欢你”？

小颜：没有，怎么会呢？

老师：那是不是大家一看见你就像看到怪物一样，都躲着你呢？

小颜：那也不是。可是，大家在玩的时候都不会叫我。

老师：是不是每一个参加游戏的人，都是有人邀请的呢？

小颜：不是。

老师：那别人是怎么做的呢？

小颜：有的人会说："我想和你们一起玩！"有的人会说："我能和你们一起玩吗？"

老师：对啊，如果是你的话，你会怎么回答呢？

小颜：我肯定会说："好的！"

（老师面带微笑地看着他）

小颜：（不好意思地摸了摸头）哦，我明白了……

通过这次咨询，小颜的心结似乎解开了不少，不再认为班里每个人都不喜欢他，也不再认为自己是笨蛋，考不好就会丢人。同时，我与小颜的父母也进行了一次面谈，并给予了一些家庭教育指导：①多与孩子聊天，不能只说学习，而要关注孩子的内心世界；②父母协商，统一教育观念，并建立合理的教育期望；③不在小颜面前吵架，营造温馨的家庭氛围。

这一阶段的第二次咨询，我通过交谈寻找出小颜在人际交往中最需要改进的地方：学会换位思考，主动出击。在交谈过程中，我给出了一些建议，并与班主任和小颜一起约定，通过行为训练，每天记录小颜的点滴进步，改变小颜在人际交往中被动与"自我"的现状，让小颜与同学、老师建立正常的交往关系。

小颜的行动计划

小颜的承诺：

①进校门时，主动与值日老师、同学打招呼。

②不管何时与老师、同学相遇，都面带微笑，点头示意。

③每天坚持与同桌进行一次交谈（时间不限）。

④遇到不懂的问题，主动向老师请教。

⑤同学游戏时，主动加入。

⑥想发脾气时，先自己在心里默默从 1 数到 20，然后换位思考一下。

⑦每天坚持，每做到上面的一项，画一个笑脸。

承诺人：________

老师的承诺：

①提醒并监督小颜的上述行为表现。

②每天及时记录他的表现。

③如果他努力坚持并改变，给予鼓励和肯定。

承诺人：________

日　记

____年____月____日

每天进步一点点儿（小颜记录）

今天我做到了：①________

②________

③________

今天我能得到________个笑脸。（贴上笑脸贴纸）

小颜的点滴进步（老师记录）

今天小颜做到了：①________

②________

③________

你真棒！

________个笑脸奖给你。（贴上笑脸贴纸）

通过两个星期的坚持，小颜不再整日闷闷不乐了，也不再时刻把“没劲”挂在嘴上了，发脾气的次数明显减少。在学校运动会上，老师鼓励他参加了投掷实心球的比赛，他得了第三名。他还偷偷告诉我，现在交到一个朋友了，他们约好了星期天一起去打球。

三、第三个阶段：鼓励小颜参加社团活动，建立成功档案，采用自我激励策略

通过前两个阶段的辅导，小颜已基本走出了转学的阴影。在得知小颜非常喜欢机器人后，我积极帮他联系，推荐他参加了学校的机器人活动小组，鼓励他扩大交往圈，在活动中提高人际交往能力。小颜很珍惜这个机会，每次都早早到场，主动帮老师做准备工作，而且在这方面他的确有些天赋——没多久就组装了一个机器人并获得了区二等奖。这让小颜欣喜若狂，同时自信心也有所上升。

但在学习上，小颜还是没办法取得跨越性的进步，对自己的学习还是比较自卑。我通过讲述小故事，让他体会到制定合理目标的重要性，并与他一起探讨好的学习方法，鼓励小颜向身边的老师和同学讨教经验，改进学习策略。

另外，为了让他更多地体验成功，逐渐消除自卑心理，我与他共同讨论设计了“成功小档案”（见表 2），将每一次的成功——哪怕是非常小的成功与进步都记录下来，激励他克服学习上的困难，勇往直前。

表 2　成功小档案

小小成功，大大进步！加油，我能行！

时间	事件	成功指数	心情

填表说明：

1. 生活中、学习中任何自己认为成功的事件都可以记录。
2. 成功指数：以五角星来评定，分一星、二星、三星、四星、五星。
3. 心情：以笑脸来表示，分微笑、大笑、“狂”笑。

通过一段时间的努力，小颜的“成功小档案”记录越来越多，成功体验越来越丰富，情绪也越来越稳定。

案例总结

经过近两个月的持续辅导，我发现小颜已基本消除了不合理认知，融入了新学校的新生活，精神状态良好，情绪愉快，不再惧怕上学，也没有再发生过哭闹现象。

现在他和同学的交往比较融洽，没再闹过不愉快，还交到了一个好朋友。虽然短时间内他的学习成绩没有很大进步，但通过多次辅导，他已经能调整好自己的心态，自信心和抗挫力有明显提升，不再为了某一次的考试失利而情绪低迷，不愿做作业的现象几乎没有了，作业质量也较之前有所提高。班主任和家长对他都比较有信心。

虽然小颜在我的辅导下取得了一些成功，心理上有了一些改善，但作为心理健康辅导新手的我，深知自己还有许多不足和值得商榷、改进的地方。

①小学生心理适应能力较差，作为学校心理健康辅导老师，应该在开学前就关注新生或转学生，协同班主任做好干预工作，而不是等事情发生后再被动地补救。这次的个案，给我敲响了警钟，以后一定要做到预防先行。

②由于是新手，在心理测量工具的使用上底气不足，因此，在评估时，仅以个人经验和班主任、家长提供的资料作为评估分析标准，可能缺少了一定的科学性。

③小学生的问题在很大程度上都是家庭原因导致的，在本个案中，我虽然将家庭辅导纳入进来了，但对家庭教育的指导还不够全面，缺少力度。

④由于孩子年龄小，在填写认知家庭作业表格时有一定困难，虽然表格经过简化，但填写效果还是不理想，以后还需要想办法改进。

>>> 陆春晔　上海市嘉定区教师进修学院

第三辑

坦然面对那份纯真的情怀

“广播告白门”事件

案例描述

那天晚自修，我在教室里看着学生安静地写作业。学校广播里传来一名男生激动的声音：“今天我有话要说——我已经把门反锁了，你们不要硬闯进来；否则，可能你踹门进来时我已经不在里面了。我想在这里对我的女朋友说，虽然我们分手了，但你不要搭理别的男生，不然我会吃醋的……”

全校学生顿时哗然，再也没人能够安心写作业。事后我了解到，有些班主任没听几句就赶紧关了广播；有些班主任在广播结束后，马上进行了引导，在班里评论那个男生“神经病，脑子不清楚”；还有一些班主任束手无策，不知道该怎样应对，只能和学生一起笑一笑了事。

我班当时也是闹哄哄的，我注意到，有些男生很想讲话，因为他们知道刚才在广播中表白的男生是谁，他们很兴奋，很想跟别人说这个话题。还有一些女生也开始“八卦”，她们一脸向往，似乎在说：“这故事里的女主角是谁呀？多么浪漫呀！”

辅导过程

看到这样的情景，我忽然意识到这是一个不应该错过的教育契机——高三了，班里还有两对学生在谈恋爱，恰好可以借机澄清学生对“爱情”的看法，同时帮助学生处理好高三时学业和青春期感情的关系。

一、小组讨论，分享观点

于是我对学生说："同学们，刚刚有男生闯到广播室向女生告白，我们暂且把它称为'广播表白门'事件。我知道大家现在一定很好奇、很兴奋，一些同学想分享'情报'，还有一些同学想发表自己的看法。这样吧，这节课我们暂且把作业放在一边，专门来说说这件事。"

学生们拍手称赞："哇，班主任太英明了！"我笑着说："其实我也很'八卦'哦！但我们的时间非常有限，所以接下来我们先小组讨论10分钟，然后每个组派一个代表发言。"学生们兴致高昂地投入了讨论，10分钟很快过去，分享时间到了。

学生甲一马当先冲上了讲台，说："他失恋了，我能感受到他的伤心与难过。他坐在窗户边望着窗外的雨，心情非常低落，一直在思考：'她为什么要分手呢？我哪里做得不好呢？'"他说得非常投入，让我意识到这可能是他自己的故事，于是我对他说："好的，你的观点就是他现在非常困惑，心情非常低落，是吗？"他点点头。我又追问："那么，对今天'广播表白门'事件的观点呢？"他同组的学生开始起哄："他没有观点！刚才讨论的时候，他一言不发，现在他第一个冲上去了，他只代表他自己。"这下我更确认了，他刚才描述的就是他自己的故事。我暂且把这件事记在心里，继续往下引导："那其他组的观点是什么呢？"

随后几个小组的代表依次上台发言，有的说："他的心情可以理解，但行为是错误的！"有的说："（那个男生）敢做敢言，大胆追寻自己想要的，值得赞赏！"还有女生说："再伤心也不能这样在广播里讲，现在全校都知道了，那个女孩怎么办？以后怎么在学校里生活啊？他太自私了！"另一个男生"神补刀"："其实我和他从小学起就是同学，我很了解他。从小学开始，他对每一个异性都很注意，他就是很高调，爱出风头，闲着没事干！"最后一个学生上台发言："老师，他闯到广播室里对这个女生表白，这是需要很大勇气的，难道您不认为他很勇敢吗？"

二、明确定位，认同理解

我忽然想到电影《致青春》中有这样一个“广播告白”的桥段。有些学生显然已经把他们在影视文学作品当中看到的“爱情”当成了典范来追捧，而且认为只要是受到“压迫”的爱情都是“真爱情”，事情做得越出格越能证明是“真爱”。

学生分享观点时，我一直在思考两个问题。第一，我该怎样回应学生的观点呢？如果直接说这种行为不对，他们一定会很反感，毕竟现在认为那个男生“很勇敢”的学生占多数，所以我必须先认同他们，让他们觉得老师挺理解他们的，他们才能听得进去我说的话。第二，我想达到的目的是什么？最后我决定绕开“真正的爱情是什么”这个话题（我自己都不一定把握得准什么是真正的爱情），而把讨论目标定位在两个方面。第一个方面，引导学生发现这个事件中的“勇敢”是会造成恶劣影响的、不应被提倡的“伪勇敢”；第二个方面，如果真的有自己喜欢的人，高三时期怎样处理学业与感情的关系？

已经想好应对策略的我，接过学生的问题，说：“首先，我非常赞赏我们班各位同学的勇气，过去都不敢上台发言的人，今天都敢于表达了！不要只赞赏‘广播表白门’事件中男主角的勇气，其实在座的每一位都很有勇气，所以我们先给自己来点儿掌声吧！”学生们深以为然，掌声特别热烈。

我接着说：“刚才从大家的表达中我听到了这样几个关键词：困惑、向往、勇敢、真爱。像某某同学说的，都这个年纪了，谁没有个喜欢的人？大家一定对爱情有无限的向往，同时又有困惑，不知道怎样才能得到那个喜欢的人的青睐。大家更想像这个男主角一样，能勇敢地追寻自己的真爱，希望有不后悔的人生，是吗？”学生的掌声愈发热烈，他们的眼神告诉我，我刚才说到他们心里去了。

三、追问围观，辨别真伪

1. 三个追问，辨别“伪勇敢”

我决定用三个追问，引导他们辨别“伪勇敢”。

首先，我抛出第一个问题：“那我们先来看看刚才那段很多人都认为‘勇敢’的爱情吧！如果你是那个男生，你在什么情绪状态下会做这样的事情呢？”男生甲又是第一个发言：“伤心、失望、难过时！”我反问他：“你确定你在伤心、失望、难过时会这样做吗？”他愣了一下，说：“不会！”

我再次向全班发问：“那支配他行为的到底是一种什么情绪？”

有人说：“吃醋！”还有些学生说：“我听到了威胁！”更有一个男生做恍然大悟状，说：“我忽然明白他为什么要到广播室里去说了，这样一来，全校都知道那个女生以前是他的女朋友了，他想用这种方法逼女生和他复合！”这个观点让很多学生都感到意外，但片刻之后，附和的人越来越多：“是啊，就算不复合，这个女生以后也很难做人了。”“这是学校头条新闻，以后大家可能会说：‘看！她就是“广播告白门”女主角！’估计再也没有人敢追她了！”

我赶紧抛出第二个问题：“是啊，同学们，除了伤心、难过，我们还听出了弦外之音：吃醋和胁迫。那如果你是女主角，你会怎么想呢？”

学生开始七嘴八舌地议论，特别是女生，这次发言特别积极：“如果我是那个女生，肯定很后悔和他谈恋爱！”“如果有个男生这样喜欢我，我觉得太可怕了。万一你要分手，他拿跳楼来威胁你，那你分还是不分？”“我觉得他像颗炸弹一样！两个人谈恋爱，如果不合适，总是要分手的。这样不叫浪漫，叫死缠烂打！”“如果他真的喜欢我，那就好好跟我说，好好表现给我看，但采用这样的方式，到广播里去说，我会恨死他，更不会理他了！”……

见时机成熟，我提出第三个问题：“通过刚才的分析，大家现在除了觉得男主角比较勇敢之外，还有什么别的感受吗？”

学生的态度一下子扭转了："刚才还挺羡慕的，这样一说，现在觉得一点儿也不羡慕了！""刚才还觉得这男生真牛，现在觉得他有点儿冲动！""我觉得这与其说是一种勇敢，还不如说是一种不加控制的情绪发泄！"

2. 围观学霸，辨别"伪爱情"

看到学生逐渐变得理智，我又问："同学们已经高三了，如果这时候你真的喜欢上了某个人，该怎么办呢？"学生开始分为两派：一派主张不能谈恋爱，因为谈恋爱耽误学习；另一派认为一定要谈，再不谈，高中都要结束了，会留有遗憾。

我对学生说："既然大家还有分歧，那么下面我们来看一些学霸情侣是怎样处理高三时学业和感情的关系的。"我在网上搜索了几个案例，比如，双双被保送北京名校的学霸情侣，毕业前同时被美国数所知名大学录取的学霸情侣，以及分别获得国际化学竞赛第一名和第二名的学霸情侣。

经过激烈讨论，最后大家达成共识：尽量不谈，因为确实耽误时间，离高考只有几个月了，应以学业为重；如果真的有喜欢的人，先单相思，尽量控制住，不告白，等上了大学再说；如果已经在谈的，要以学业为重，两个人共同进步，争取一起考上好大学，万一真的谈不拢，可以和平分手。

我对学生说："同学们已经意识到了，美好的爱情能把人的潜能激发出来，把人带到更好更高的地方去，而不应该拖累学习。我个人认为，高中阶段是不适合谈恋爱的，因为同学们的心理还没有成熟，有些情绪还无法很好地消化与控制，如果这个时候谈恋爱，付出的代价是比较大的。像'广播告白门'这个学生的行为，除了发泄情绪，并没有解决什么实际问题，反而带来了更大的麻烦！还有些同学可能不会这样极端，但他们会做些别的事情，比如借酒浇愁、抽烟，反正心思都不在学习上！"

大家听到这里，都看向男生乙，他失恋以后就是这样——抽烟、喝酒，不学习，退步很快。他被大家看得很不好意思，连忙说："以后不会了，不会了！”然后大家开始揶揄那两对正在谈恋爱的：“听到没？听到没？”那两对学生很不好意思，但也若有所思，若有所悟。

案例总结

最后，我总结道：“同学们——消极颓废，为了爱情；不思进取，为了爱情；酗酒闹事，为了爱情；学习懈怠，为了爱情；亲人反目，为了爱情；朋友成仇，为了爱情！爱情，‘多少罪恶假汝之名以行’！这些我们称为‘伪爱情’……美好的爱情总是值得期待的，但灿若朝霞的青春、繁花似锦的年华太容易消逝，不要轻易掉进‘伪爱情’里虚掷光阴啊！”

学生的眼睛里闪烁着点点光芒，那是豁然开朗的舒畅，心灵获得启迪的喜悦，对未来真正爱情的无限向往和憧憬。他们齐声对我说：“老师，我们知道接下来该怎么做了！”

>>> 麻巍巍　浙江省丽水市第二高级中学

坦然面对那份纯真的情怀

案例描述

一个晚上，我独自在办公室值班。忽然一个女孩经过，又回头看了看，似乎在犹豫要不要进来。最终，她鼓起勇气走进来，把一封信放在陈老师的桌上，拔腿就跑了。过了一会儿，我又看到她在门口徘徊，终于又走进来把信取走了。这一放一取，我感觉里面一定有故事。

于是，我轻声叫住了她，并和蔼地对她说："陈老师因家中有事请假了，有什么事我可以代为转达。我是学校的心理辅导老师，有什么困惑也可以询问我。"她看着我欲言又止，但最终下定决心，向我敞开了心扉。

她叫晓彤（化名），是陈老师的学生。陈老师是刚工作不久的年轻教师，帅气阳光、博学多才、幽默风趣，男生喜欢他篮球、足球、乒乓球样样精通，女生喜欢他英俊儒雅却不失阳刚之气。晓彤也不例外，但她更多的是默默地喜欢，远远地注视。直至有一次下雨，晓彤忘了带伞，正好顺路的陈老师送她回家，一路上亲切地与她交谈，谈人生，谈理想，谈学习，解答她心中的问题，鼓励她奋勇向前……这次美好的经历让她内心的情感瞬间发芽成长，她已经无法控制自己，再也不能专注于学习。而陈老师只是亲切地如同对待其他学生一样对待她，而且他已经有一个幸福的三口之家……在经过长期的心理折磨之后，晓彤再也忍耐不住，她要以书信的方式向陈老师表达她的倾慕之情，不论结果如何。

听了她的故事，我想了一会儿，因临近放学，并不适合长谈，我便约她第二天午休时到学校的百花园聊一聊。

心理分析

晓彤这种感情是典型的“恋师情结”。恋师情结一般发生在处于青春期的部分中学生身上。进入青春期后，中学生开始对异性产生兴趣，产生朦胧的性爱心理体验。中学生进入渴望离开双亲的保护以寻求自立的“心理断乳期”，他们的心理状态十分矛盾。他们朝夕相处的除了同学就是老师，如果此时在他们身边出现一位既富有才华和人格魅力，又尊重和理解他们的独立意愿，满腔热忱地关爱、引导他们顺利步入人生的优秀教师，处于青春萌发期的某些中学生，就有可能在潜意识中对这位异性教师产生一种朦胧的混杂着信任和崇拜、依恋和爱慕的微妙情感，这就是恋师情结。恋师情结是青少年性意识发展过程中可能出现的正常现象，不能不加区分地简单视之为变态心理。

学生年龄小、视野窄、涉世未深，他们渴望关怀与理解，青春期的烦躁与幻想让他们对老师的关爱心生依赖，并把这种依赖转化为爱恋。美国心理学家赫洛克（Hunlock）则把青少年对异性年长者的倾心与爱慕称为“牛犊恋”，中学生的恋师情结是牛犊恋的一种表现。出现恋师情结时，理智而成熟的学生能分清这种感情，会更加尊重老师并将这种感情转化为学习动力。有些学生尤其是具有闭锁心理特征而又早熟的学生，则十分投入，把它当作生命中宝贵的初恋，找各种机会接近老师，甚至大胆表达情感，不计后果。

理性引导

第二天中午，我和晓彤准时在百花园见面。为了澄清晓彤对恋师情结的认识，帮她减轻因为恋师而产生的心理负担，同时让她明白放纵这种不成熟、不理智的感情将会造成的后果，我提出以下问题，对她进行了疏导与开解。

一、这种情感正常吗

这种情感正常。人本来就是有感情的动物。“饮食男女，人之大欲存焉”，意思是说人有两大欲望，除了物质需求，就是情感需求。处于青春期的少男少女，对异性老师产生爱慕是很正常的，这说明孩子们已懂得去欣赏优秀的异性了，这是走向成熟的表现，而且不掺杂世俗的功利欲望，是纯洁、美好的情感。

二、这种情感是爱情吗？有什么特点

这种情感不是爱情，至少是很不成熟的爱情。首先，它多是单相思。陷入情网的少男少女很清楚，这种恋情不合伦理，不符合社会习俗，也不被家长、学校容忍。绝大多数少男少女会把这种情感深埋心底，无人知晓，甚至连被暗恋的老师也不会发觉。其次，这种感情短暂而冲动。师生相处最多不过六年，少则一年半载。而少男少女处于青春期，生理与心理上的萌动让他们对异性的一举一动都极为敏感，有时老师一个偶然的微笑或一句随意的问候都会让少男少女们误以为是爱的信息，心中泛起爱的涟漪。而一旦师生分离，或是出现别的能吸引他（她）的异性，这种感情很快就会消失。

三、结局如何

绝大多数师生恋的结局是苦涩的。单相思会无果而终，而接受这种情感的老师，则往往是情感不成熟、不理智的成年人，不成熟的成年人与看似成熟的未成年人结出的爱情果实往往先天就营养不良。学业的压力、舆论的谴责、良心的拷问，会让这种偷偷摸摸的恋情充满忐忑。最初的激情与甜蜜过后，生活归于平淡，危机却不期而至，矛盾就会显露出来，情感会发生变化。而一旦恋情暴露，学生学业不成，失去人生中重要的一次机会，老师则会身败名裂，从此套上道德的枷锁……

与晓彤一席长谈之后，她陷入了沉思，鼻尖冒出细细的汗珠。我知道，她一定是听到心里去了，对自己的情感有充分的认识并且有些后怕。我告诉晓彤："我们可以很轻松地走出这段恋情，因为你没有伤害过任何人，没有影响陈老师。而且，这件事可以使你更健康地成长，长大以后再回首这段往事，你会发现它是多么纯真与美好，令人难以忘怀。当然，目前要做的就是，正视并放下这段情感，以坦然的心态与老师交往，全身心投入紧张的学习中。你要相信，时间会冲淡一切。"

最后，晓彤轻松地离开了百花园，那封信则交给了我，任我处置。我没有看，轻轻地把它撕碎，扔进了纸篓。后来，有一次晓彤来办公室送作业本，陈老师也在，她大方地走进来，走过陈老师身边时，自然洒脱。她冲我笑了一下，做出一个胜利的手势。我知道，她已经成功地走出了迷茫，我看着她，会心地笑了……

>>> 徐志华　安徽省灵璧中学

她上课时照镜子的秘密

作为教师，我们要善于通过学生行为、情绪、爱好等方面的细小变化，读懂他们的心理，如此，我们便掌握了开启学生心灵的密码。

案例描述

小丽性格内向，平时寡言少语，很少违反纪律，但近期老是摆弄一面小镜子。据科任老师反映，她还常在上课时照镜子。我感到很疑惑，便留心观察她，发现她上课时确实如此，课间还经常跑到外班教室门口去玩。相比从前，她的行为出现了较大反差。

分析——在交流中洞悉心理

通过交流册，我们展开了对话。

第一次，迂回铺垫

我：小丽，近期你的变化好大，我好高兴，你不再是从前那个内向的、不善言谈的小姑娘了，近期学习有压力吗？

小丽：老师，没感到学习有压力，到了初三，我感到更轻松了。

小丽在回避我提到的“变化”问题，显然她感觉到我的问题在暗示什么。如果她内心没有什么复杂的想法，应该会比较乐意接受我对她这一变化的肯定，而她逃避回答，说明她的变化背后还有不愿我继续追问的东西。

第二次，峰回路转

小丽：老师，内向性格有很大的缺陷，对个人的发展有影响，不利于同学间的交往和交流，所以我在努力调整。

我：你对性格有了更深的认识，这很好，但是每种性格都有利有弊，是吧？

这次小丽主动回答我上次提出的问题，说明她已经知道我对她的变化产生了疑问，而她这几天一直在思索怎样才能消除我的疑惑。这更让我断定小丽的变化必有原因。

第三次，直面交锋

小丽：（办公室里，略显拘束）老师，您叫我来？

我：是啊！近期有同学和老师反映，咱们班有同学上课时照镜子，我想通过你了解一下。

小丽：（脸上的紧张稍纵即逝，但是言语中的紧张暴露无遗）我没有……

我：我没有说你啊，我只是想了解一下咱们班里是不是有这种现象，据说外班这种现象很突出，我很想知道为什么。

小丽：（沉默了好一会儿）外班的事情我不了解，咱们班里我没有发现。

这次谈话没有问出结果，但是小丽的变化让我得出以下结论。

第一，小丽之所以撒谎，是因为她认识到了这种行为不对，想要隐瞒。

第二，以简单的“不了解”作为回复，说明她感觉到老师知道她上课时照镜子的行为了，所以，她采取了这种消极对抗的方式。

第三，宣称对外班的事情不了解，说明她在刻意回避。

这次正面交锋后的一段时间内，小丽上课时照镜子的行为有所收敛，显然这次谈话起到了“敲山震虎”的作用。但我更想知道照镜子行为背后的秘密。

此后一个月，我陆续听到其他老师反映，小丽和外班男生有书信来往。我整理了一下脉络，上课时照镜子—性格变化—开始广泛交朋友—和外班男生有书信来往，这并不是一个复杂的变化过程。发现问题、找到解决问题的方向固然重要，但让小丽从内心明白自己这一行为错在哪儿才是至关重要的，才能达到育人的目的。

措施——暖冰行动，消除对抗防御

与一个有防备的人交流，往往不会达到心灵的共鸣。所以，要想达到育人的目的，首先要和学生做朋友，消除彼此之间的心理隔阂。鉴于此，我制定了“三步走”战略。

第一步，让她在班里找到自己的位置

性格内向的小丽，在班里得不到自己渴望的友情，在外班同学的友情召唤下，她找到了渴望已久的朋友。由于青春期异性相吸，小丽开始注意自己的外表，于是，上课时照镜子、下课后到外班找“男朋友”就顺理成章了。

我利用课间及家访的机会多次和小丽交流沟通，但是有意识地避开敏感话题，以聊家常、谈生活和未来等内容为主。在班里，我组建了手拉手小组，让学生主动和小丽交朋友，让小丽在班里找到自己的位置。同时，我安排小丽担任我的课代表，这样就有更多机会对她进行心理引导。

第二步，置换思维，给班里配置大镜子

到了初三，学生爱美的心理更趋明显，教师应该知悉这一年龄段学生对外在美的重视与渴望。所以，我在班会上建议在教室的一侧安装一面大镜子。学生兴奋的表情说明这一建议是很得人心的。课间学生可以理一下自己的头发，也可以做个鬼脸。这时小镜子已经没有了存在的价值，小丽照镜子的问题就解决了。

我还建议学生，课间到镜子前面看一下自己的表情，调整一下心情。当发现同学发怒、悲伤、烦恼时，我就让他走到镜子前面看看自己，很多学生看到自己夸张的表情都不好意思地笑了……

第三步，让爱无缝对接，建立“悄悄话热线”

班上几十名学生，我不可能总在第一时间了解他们的动向，因此错过了很多最佳教育时机。于是，我告诉学生我的手机 24 小时开机，并公开我的邮箱和 QQ 号，让学生根据自己的情况用最方便的方式和我联系。通过这些措施，我成了学生名副其实的朋友。

>>> 刘洪华　山东省临邑县第二中学

她们在“偷看”我

案例描述

小A，男，高中二年级学生，身材瘦削，皮肤黝黑，说话时显得有些紧张、害羞，不敢与老师进行眼神交流。那天，他走进心理咨询室诉说自己的苦恼。

小A：老师，我最近一段时间总是心神不宁，上课时注意力无法集中，老师讲的内容我一个字也听不进去。

我：当你注意力分散的时候，你在想什么？

小A：我……什么都没想啊。

我：脑袋里一片空白吗？

小A：是的。

我：还有其他感觉吗？

小A：心里有些烦，有些急躁。

我：你的烦躁来源于什么？

小A：这……我觉得有人一直在注意我。

我：是什么人？

小A：是我们班的两个女同学，一个坐在我前面，另一个坐在我后面。我感觉她们总是偷看我，这让我感觉很不舒服。

我：能描述得具体些吗？她们的什么行为使你认为她们在偷看你？

小A：前面的女生总会扭头跟我讲话，还冲我笑，并且要求跟我同桌，我坚决不同意；后面的那个女生，在我往后扭头时，总会跟我眼神相遇，我感觉她经常盯着我看。

我：你注意力不集中是否跟这件事有关？

小 A：是，我很讨厌她们这样，可是总摆脱不了她们，尤其是坐在我前面的女生，我一抬头就可以看到她，感觉很不舒服，心里很烦躁，所以，上课总是走神。

问题诊断

通过小 A 的言谈举止，我初步判断小 A 应该属于性格比较内向、腼腆的那一类，平日应该很少与其他同学来往，与异性同学的交往通常会更少。而小 A 所说的那两名女生，据我推测应该属于性格比较活泼开朗，平时表现较活跃的，她们也许只是感觉小 A 很内向、很孤独，所以想与他多交流，使他开心起来（这些推测在谈话结束后得到班主任的证实）。

根据青春期学生的心理特点，我对小 A 的情况进行了初步分析。

①高中生处于青春期中期，由于自我意识的发展，他们更加关注自我，感觉自己像舞台上的演员一样，时时刻刻被别人关注着。其实，这只是他们因过度关注自我而产生的错觉，这种现象被称作“假想观众”，小 A 就是这种现象的典型代表。

②学生进入青春期后，由于生理上的成熟，性意识逐渐萌发并增强，学生内心对异性都有一种好奇，并产生想接近异性的欲望。这是一种正常且健康的心理现象。小 A 对男女同学之间的爱慕与吸引表现得有些敏感与抗拒，他认为，作为一名高中生，内心出现这种情感是不应该的。尤其是当他被自己不喜欢的女孩子“盯”上后，更觉得不自在，甚至有些厌恶，但自己又无法摆脱这种干扰。所以，他的情绪就有些烦躁，无法集中注意力。

③处于青春期的学生，心理上呈现出闭锁性与开放性并存的特点。闭锁性表现在他们有了自己的隐私，并且会把这些隐私包裹得很严实，不让任何人知道，包括自己的父母、老师。开放性表现在，由于这个时期他们内心存在许多矛盾，急需倾吐心声的对象，所以比其他任何时候都需要朋友。因此，人际交往对他们来说显得更为重要。小 A 性格内向，与其他同

学的交往较少，尤其跟异性同学的交往很少，导致他的心理发展水平明显落后于其他同学。

辅导过程

一、矫正认知错觉，坦然面对“爱慕”

根据以上初步分析，我确定了接下来谈话的两个目标。第一个目标是让小 A 了解青春期的生理、心理变化特点，并使其认识到，那两名女同学“偷看”他很可能只是他自己的一种错觉，是由于青春期自我意识高涨而产生的一种过度自我关注现象。值得老师们注意的是，处于青春期的学生，自我意识增强的另一表现是总认为别人无法理解自己的内心。所以当我们要否定他们的某种想法或行为时，应首先让他们感觉到，虽然他们的想法或行为并不恰当，但还是可以理解的。如果采用自我暴露法——向他们讲述自己曾经犯过相同或相似的错误，他们就会更容易接受。否则，在逆反心理的作用下，他们很可能会极端地坚持自己错误的观点。第二个目标是使小 A 能够坦然面对“爱慕之情”的出现。

在这两个目标的指引下，我与他进行了下面的对话。

我：你认为她们对你有好感？

小 A：（很害羞地低着头）是的。

我：她们向你表白过吗？

小 A：没有。

我：她们经常和别的同学说话吗？

小 A：嗯，也经常说。

我：她们也会看其他同学吗？

小 A：不清楚，也会吧。

我：那你依据什么确定她们是因为对你有好感而看你呢？

小 A：我感觉是这样的。

我：这仅仅是你的感觉，那客观事实是什么，你确认过吗？

小 A：没有。

我：假如你想和某个同学做朋友，经常帮助她，她却把你的行为理解为你对她有好感，你会怎么想？

小 A：（很害羞）这……怎么可能，我只是想帮助她而已。

我：那两位女同学也许只是想和你做朋友，也许只是想向你传达一种友好而已。

（小 A 沉默不语）

我：其实，我能理解你的感觉，老师在上高中时也曾经历过和你一样的事情。当时，我在上学的路上总会遇到邻班的一个男生，他每次看见我都很热情。慢慢地，我内心也产生了和你一样的想法："他是不是对我有好感？"于是，我每次走那条路时都很紧张，生怕他会出现。甚至，有一段时间我选择了走另一条更远的路去上学。

（小 A 依然沉默，但看起来放松了许多）

我：其实，这是青春期心理发展的一个特点，处于这个发展阶段的人会更加关注自我，同时也会想象别人也关注着自己，事实上，别人并没有关注他。

小 A：您的意思是说这只是我的错觉吗？

我：对，很有可能。

小 A：（笑了笑）我有时也会这么想，但是，假如这是真的怎么办？

我：如果她们真的对你有好感，你需要做的是理解她们的感觉，因为这是每个青春期孩子的正常心理需求。我想你自己应该也有比较喜欢的人吧！

小 A：嗯……有。

我：假如你喜欢的那个人对你表示厌恶，你会有什么感觉？

小 A：当然会很难受。

我：其实，在青春期阶段，由于生理上的逐渐成熟、性意识的萌发，几乎每个人内心都会出现自己爱慕的对象。这个爱慕对象可能是身边的同学，可能是身边优秀的长辈，也有可能是某位电影明星。不管爱慕对象是谁，这种“爱慕之情”的出现都是性心理健康发展的表现，都是无可非议的。假如你真的成了某个同学的爱慕对象，这并不是一件可怕的事情，至少证明你在某些方面是值得欣赏的。你要理解对方，因为这是一种正常的心理现象，而不要去埋怨或厌恶对方。当你不再抱着一种厌恶的态度去看待对方时，她的言行就不会对你产生干扰。你心里有了自己爱慕的同学，也不必感到惊慌和恐惧。同样，你也要理解这是一种正常的心理现象，然后采取适当的方法来疏导自己的情感。

（听了我的话，小 A 点点头）

谈话到这一步，前两个目标已经顺利完成，小 A 基本上已经能够接受“自己的感觉可能是错觉”这一点，并认同了我对“爱慕之情”的看法。

二、指导交往技巧，纠正性格缺点

除了对青春期心理特点认识不足以外，缺乏正常的人际交往也是导致小 A 出现心理问题的一个重要原因，而性格问题又是造成小 A 人际交往能力差的关键因素。一般来讲，内向型性格的人注意力会更多地指向自身及其主观世界，他们不会轻易与他人接触，在与他人的交往中会表现得更加敏感、胆怯、不自信等。而这种行为模式必然导致他们在人际交往中处于相对劣势的地位。这种劣势反过来会强化他们内心的不自信，最终导致他们不愿或不敢与人交往。实际上，性格从来都不是单一性的，内向型性格的人也有外向的一面，外向型性格的人也有内向的一面，所以内向的性格并不是与人交往的阻力，关键是如何激发出潜藏其中的外向性。据此，接下来谈话的目标（第三个目标）就是鼓励小 A 尽可能多与别人交往。

我：你平时和其他同学交往多吗？

小 A：我的性格比较内向，所以很少跟别人交往。

我：那跟女同学交往情况怎样？

小 A：我很少跟她们讲话。

我：为什么？

小 A：跟她们说话时我总莫名其妙地感到紧张，也许是内向的原因。

我：性格内向只是你逃避交往的一个借口。实际上，内向的性格并不是人际交往的阻力；相反，人际交往还可以促进你性格的改变。

小 A：性格不是不可以改变的吗？

我：很多人都认为性格是天生的，无法改变，其实不然。假如用颜色来表示性格，那么，每个人的性格都有一种基色，如红色、蓝色等。在人的一生中，这种性格基色可能不会有太大改变，但是在后天环境的作用下，也会慢慢地增添其他的色彩。比如，你和一些性格活泼开朗的人交往久了，你就会发现自己也慢慢变得开朗许多。通过人际交往，你还会发现其他同学也经历过相似的事情，甚至他们经历的事情更复杂。当你发现你遇到的事情好多人都经历过时，就不会感到紧张和害怕了。也许在同学的帮助下，问题很快就迎刃而解了。

小 A：可是，在他们面前我感觉自己嘴太笨了。

我：并不是每个人都伶牙俐齿，语言表达能力虽然受天赋影响，但后天的培养和锻炼更加重要，就好像一个天生体质弱的人，后天如果加强体育锻炼，同样可以强壮起来。

小 A：其实我也想与其他同学打成一片，可总觉得和他们没什么共同话题。

谈话到此处，又出现了另一个问题，即小 A 缺乏人际交往技巧。其实，中学生很多的心理问题，如害羞、嫉妒、逆反、猜疑、社交恐惧等，都跟不会处理人际关系有关。大多数学生内心都希望自己能够跟周围的人和睦相处，可问题是他们不懂得如何与周围的人打交道，比如，不知如何拒绝别人，不知如何赞美别人，不知如何寻找共同话题，不知如何化解矛盾，等等。因此，老师尤其是班主任，教给学生一些人际交往技巧是非常必要的。接下来我指导小 A 与其他同学交流时如何寻找共同话题。

我：你可以尝试着去关心和帮助你周围的人，先让他们喜欢你，接受你。同时，也要尝试着寻求别人的帮助，这其实也是一种交往。另外，尽量参加一些集体活动，给自己创造与人交往的机会，有了共同的经历，才有共同的话题。

小 A：（深吸一口气）嗯，老师，我知道该怎么做了。

我：好，那你回去再整理一下思路，相信过一段时间，你会以崭新的面貌出现在我的面前。

小 A：会的，老师，谢谢您！

案例反馈

三个月后，小 A 又一次走进了心理咨询室，但这次他显得轻松了很多。上次咨询过后，根据我的建议，他开始以一种平和的心态看待女同学的“热情”，并尝试主动与其他同学交往。现在，上课时他已能够集中注意力，并且已经有了自己的朋友圈。他还打算下次调整座位时，主动向班主任申请与女生同桌。

>>> 马丽娜　广东省湛江市第二中学

当青春期学生遭遇早恋难题

案例描述

那天中午，年级部主任非常生气地把我们班两名学生带到我面前，说：“我刚才巡视午休纪律，看见你们班一男一女两个学生凑在一起！太不像话了，马上给处分！”说完，年级部主任离开了。两个学生低着头，男孩稍显冷静，女孩则尴尬、恐惧至极。说实话，我没想到他俩会谈恋爱，因为他俩表现一向不错，学习也比较上进。我没有半句责问，而是分别递给他们纸和笔，让他们立刻把今天中午发生的事情经过和他俩的相处情况一一写出来。我没给他们任何商量的机会，这样可以保证两人交代的情况具有最大限度的真实性和完整性。

20分钟过去了，他俩先后写好交给了我。原来，他俩交往了两个月，最初是男追女，双方家长都知道此事，在今天以前，他俩校内没有超越普通同学的接触，校外无接触，放学均由家长来接，晚上有时短信联系。今天午休时，作为班委的男孩本该站在讲台上监督班级纪律，结果他却走到教室最后一排女孩的座位后，从侧后方俯下身子，趴在女孩桌上和她说话，正好被年级部主任看见了。

事情已经明了，处理不可操之过急，眼看午休已经结束，下午第一节课就要开始，我让两个学生先回班上课。女孩拔腿正要走，谁知男孩突然说：“老师，我有话想单独和您说。”一听这话，女孩立刻停下脚步，质问男孩：“你有什么话不能当着我的面说？”语气里带着怀疑和嗔怪。我劝女孩先回去上课，她听话地走了。男孩这才平静地对我说：“老师，中午的事我是故意的。”我吃了一惊：“故意的？什么意思？我没听明白。”男孩解释说：“我爸妈知道这事，一直在和我谈。我想和她结束，但我知道，直接跟她提出分手的话，她会受不了，她的妈妈也会怪我为什么先追她又甩掉她，所以我才想到这招儿。我每天中午管理班级午休纪律，我知道年级部主任巡视的时间点。”男孩说得很平静。这完全出乎我的意料，我问他：“你是有意让年级部主任看见的？你是想借助老师的力量和她分开？”“是的。”这时，男孩的脸色突然变了，好像一下子触碰到了某根脆弱的神经，哭起来了。他边哭边说：“我爸妈为这件事操了很多心，我爸的头发都白了好多。”我突然明白了他为什么一直很平静，原来他是有意为之。从种种细节我可以判断，他说的是实话。事情全部了解清楚了，我让男孩先回班上课，他走之前的最后一句话是“请不要把真相告诉她和她的妈妈”。

辅导过程

一、男孩——左肩是尊重，右肩是责任

从事发后两个孩子的反应来看，他们对自身的问题已经有了一定的认识，正处于担心被处分的焦虑之中。而我认为，问题的解决绝不是用处分吓退孩子，我不主张轻易给处分，我打算与两个孩子分别进行一次心灵沟通。

使这件事变得比我最初想象的更复杂的是男孩的“有意为之”，我要不要将男孩的真实意图告诉女孩呢？作为班主任，我们怎样处理高中生恋爱问题事关青少年的健康成长。我应该拆穿男孩的“骗局”，告诉女孩事情真相，还是应该为男孩保守“秘密”呢？我犹豫着，揣摩着。

沉思之后，我先和男孩进行了单独交流。我首先明确指出他的做法是不妥当的，男孩连连点头，原来事发之后他也意识到了自己的处理方式欠妥。我告诉他，他的做法是对女孩的不尊重，甚至是一种欺骗，对女孩造成了伤害。这种处理事情的方法不值得肯定和鼓励。男孩承认事先他只想着尽快解决此事，忽略了可能造成的恶果，更没想到年级部主任会那么生气以及他俩会面临被处分的危险。显然，这个尚未成熟的男孩还不懂什么是对爱的尊重和责任。

于是，接下来我语重心长地引导他，爱情既是一种美好圣洁的情感，

更意味着一份沉甸甸的责任，能够正确认识和理智对待爱情是成熟的标志。爱情不是随意而为的事情，而是一件严肃的事情。作为青少年的他们更应该在成长过程中将爱情是严肃、圣洁、美好的等观念渐渐渗透进自己的心中，树立起正确的感情观、价值观。我的话，他听得很认真。经历是最宝贵的财富，希望经过我的引导，男孩在今后的人生路上能够更懂尊重和责任，更加成熟、有担当。

眼下，既然如此“有意为之”，对与女孩的这段关系接下来该向什么方向发展，我想男孩应该是清楚的吧。对此，他给出了明确答复：“我会和她一刀两断的，赶紧收心好好学习，快要期末考试了！”我放心地点了点头。

二、女孩——少女的心灵之舟，将去向何方

1. 走出迷失，找到正确方向

接下来，我该如何让这个情窦初开的少女从惊吓中平复，从情愫里抽身，找到自己正确的方向呢？作为班主任的我，此时必然会被学生本能地排斥。批评？指责？教育？另眼相看？棒打鸳鸯？不！这些都不是我要做的。但如何才能消除女孩对我的排斥，把话说到她心坎里？我决定放低姿态，和她进行一场平等的、缓和的、心与心的沟通。沟通中，我不能让她对我的话有半点儿抵触，要让她感受到我是真心为她着想。与此同时，我已决定，为了避免女孩的心灵受到更大的刺激和伤害，我将隐瞒男孩的“秘密”。

怎么才能让女孩在最短的时间内就觉得我说得有道理呢？我想到一点，谈恋爱的学生往往并不是不知道学习的重要性，只是处于青春期的他们，在被感情“一叶障目”的时候，很容易产生逆反心理，认为自己可以做到既谈恋爱又不耽误学习。当然，这只是他们的一厢情愿罢了。眼前的女孩此时应该也是这么想的。我理解她这样的想法，因为她确实没有放松对学业的要求，只是现在升学竞争激烈，是容不得学生有半点儿走神的。那么，我该从哪里寻找一个说服她的突破口呢？很快，我想起那天中午他

们交代完情况后的一个细节。

于是，我不紧不慢地说："那天中午，我让你们两个回教室去上课的时候，他要求留下来单独跟我说话，你还记得自己当时是什么反应吗？你立刻问他有什么话不能当着你的面说，语气里带着怀疑和嗔怪。"女孩回忆起自己当时下意识的反应，点点头。我继续心平气和地跟她分析："从这么一个细小的举动，就能看出你是一个心思多么敏感、情感多么细腻的孩子。既然你如此敏感而细腻，你在恋爱中就要花时间和精力，这能不影响你的学习吗？也许你觉得自己花在学习上的时间并没有因恋爱而减少，但是效率呢？别人的一句话、一个动作你都会耿耿于怀，此时恋爱，会耗去你多少本该投入学习中的精力啊！"我的语调很平缓，话语里没有半点儿指责，充满了设身处地的担忧。女孩重重地点了点头，一个细节让我成功敲开了她的心门。我知道，让她把我后面的话听到心里去，已经没那么困难了。

接下来，我一句也没有提他俩恋爱的事，对那天中午他们在教室里过分亲密的不当行为，也没有半句指责。相反，我开始表扬她在数学学习中取得的点滴进步。进入高中将近一年以来，在数学上并没有天赋的她确实下了不少苦功夫，从不敢问问题到坚持问问题，哪怕最基础的问题；从不会记笔记到整理出工整的笔记；从刚入校时每次数学测试考三四十分到现在考六七十分。我把数学老师对她的表扬说给她听，把我平时观察到的她的用功刻苦说给她听，我肯定她辛勤付出后收获的点滴进步，帮她总结取得每一点儿进步的方法。同时，我也指出，当她把绝大部分时间和精力都用在数学学习上时，其他学科毫无进步甚至出现轻微倒退现象。此时，她忽然明白了我的用意，她明白了她需要将百分之百的精力投入学习才能保证不掉队，而她又怎么舍得让自己辛苦近一年才换来的这些收获付之东流呢？我对她学习上的肯定激励了她，让她树立起了更高远的目标，让她在人生充满诱惑的十字路口激灵一颤，重新找到了前进的方向。

2．打开心结，把情愫藏心底

女孩并不是个浑浑噩噩的学生，然而毕竟处在花季，学习上的目标明确了，但那一点儿少女情愫岂是那么容易斩断的？此时，我不能强硬地压制住互生情愫的少男少女在班里的不当行为，而要帮助他们真正打开心结。所以，此时的我化身为一个知心朋友，一个大姐姐。

我对女孩说："在感情中，容易全身心投入的是女生，容易花心思琢磨的是女生，容易受到伤害的也是女生。所以，女孩更需要学会保护自己。最初的感情是美好的，在感情上的任何尝试对一个女孩来说都是十分宝贵的，这会成为你一生的回忆。那么，你希望这段回忆是无限美好的还是不堪回首的呢？你愿意很多年后，当你回忆起自己的初恋时，为它发生在不该发生的时候、耽误了自己的学业和前途而后悔吗？你是个优秀的女孩，会拥有美好而光明的前途，我希望你把美好的东西深藏心底，让它等到适合的时候再绽放，那样结出的果才是香甜的，而不是苦涩的。如果过早开花，美好就会变得不美好了。"听完我这一番话，女孩点了点头，她抿着嘴，抬起头，说："老师，我知道该怎么做了，请您相信我。"我欣慰地点点头，我知道这次沟通是成功的。

辅导效果

事后，我向年级部主任说明了我处理此事的经过和结果，年级部主任取消了处分决定。我又分别与两个孩子的家长进行沟通，并长期与他们保持联系，密切关注孩子们的行为表现。他们真的说到做到了，并且都在期末考试中取得了满意的成绩。经历此事后两个孩子都成长了。女孩的母亲后来还给我写了一封信，信中对我再三表示感谢。因为面对妈妈得知此事后因着急而采取的比较简单粗暴的教训，女儿说老班的话她才愿意听；因为老班是真正为她好，老班的话让她终身受益。此时，我才算真正松了一口气，幸好，我用平和的态度让学生放下了包袱，敞开了心扉，用尊重和包容赢得了学生的信任，用表扬和鼓励让学生找回了自信，用平等的交流安抚了青春期学生迷茫的心灵。

>>> 宋颖　江苏省南京市第九中学

第四辑

顺应自然，悦纳自我

顺应自然，悦纳自我

案例描述

“一模”后，有个成绩不错的女生加加（化名）变化很大。原来衣衫整洁、朝气蓬勃、很有活力的她，短短几天时间就变得头发散乱、衣衫不整、精神萎靡。我注意到这个变化，有些困惑，但因为我不是她的班主任，不好直接插手，便想通过其他学生了解一下原因。正在此时，她却主动给我写了一封信，内容如下。

张老师：

思来想去，我还是决定给您写这封信。

我知道您一定觉得我在无病呻吟，或者神经出了问题，但我还是想从博古通今、深明大义的您身上得到一点儿帮助。

从高三下学期开始，我越发觉得我与这个世界格格不入，会被很多也许您认为根本不值一提的事困扰。比如我妈妈很忙，而我认为我不能因一己之私要求她常来看我，因为她要兼顾工作与家庭；比如我爸爸几乎不在东莞，我与他几乎是45天见一次面；比如我最小的妹妹成绩不好，未来可能上技校；比如我发现周围大多数人甚至舍友都少了些责任感，很少为他人着想。而且，作为一个“异类”，我不喜欢“八卦”同年级其他人的生活，也讨厌那些对看不惯的人就各种讽刺挖苦的人，感觉所有好人从她们口里说出来都变成了坏人。

有时我感觉人本身就是孤独的个体。我庆幸自己未放弃希望，我仍想拼尽一切，去到我想去的远方。但我害怕，害怕路的尽头是悲凉。因为我容易分心，容易受外界影响，所以我经常事倍功半。我最怕的是难以满足父母的期望，难以成为他们的骄傲。我妈妈总嫌弃我不爱争，说我又懒又慢。我妈妈要强，但我有点儿怪，我有时宁愿沉默退让，也不愿争吵，好像很没原则吧？曾经我还天真地以为我是多么聪明，现在才发现，我也只是普罗大众中的一员而已。所以，我要不断努力，去达到目标，但我总怕自己失去热情，失去活力，失去目标。我常被我妈带入她的工作环境，我明白她说的一个月工资两千元、吃泡面都舍不得的辛酸，所以我希望追逐一个更高的平台。

我也不想久久徘徊在这些您可能会认为无所谓的迷宫中，我不愿想这么多事；我不想当一个复杂的大人或刻薄的小孩，我只想做一个简单的追梦人。

老师，只要您愿意回复，就算是骂，我也希望听听您的意见。当然，如果您觉得这些小破事入不了您的法眼，那您当我没写这封信吧。不管怎样，谢谢您听我发牢骚。

分析诊断

接到信后，我对信的内容认真做了分析。她给我写这封信，应该经过了较复杂的思想斗争，她明白自己的问题所在，但又无法摆脱各种矛盾和纠结，希望我能给她一些安慰和指导。

这封信反映了她的主观世界与客观世界的几对矛盾。一是她与家庭成员的矛盾。她是个懂事的孩子，但家庭的琐事让她分心；她希望得到家庭更多的温暖与支持，但现实条件又不允许。二是她与同学的矛盾。她比较单纯，面对复杂的环境，她不适应，既不能改变环境，又不能真正有效地改变自己。三是她与自己的矛盾。她有较高的追求，但受客观世界的影响，分心较多，效率不高，成绩不理想，目标与现实的距离让她压力倍增。四是信仰与现实的矛盾。她想活得简单，但面对的现实又太复杂，所以在生活中感觉无所适从。

上述矛盾一直存在，她平时都可以有效调控，为何承受的界限突然被冲破，转变为一种心理问题呢？我想可能是“一模”成绩不理想而引起的内心焦虑。

辅导过程

要解决她的心理问题，第一，要对她的分数情结做好疏导，这是治标。我找了一个自习时间与她交谈，就“一模”成绩达成共识：收获大于教训，同时教训也是一笔财富；发现两个薄弱学科和两个优势学科，下一步就要扬长补短做好平衡，制定目标，按部就班，循序渐进；学习贵在科学规划，要善于反思总结，不断调整；多从技术上总结，不要掺杂太多的个人情感；保持冷静清醒，才能做出最佳判断。

第二，只有解决上述四对矛盾，才能釜底抽薪，从根本上解决问题。我打电话给她的妈妈，告诉她孩子的这些心理问题。她的妈妈也比较焦虑，说孩子在给我写信的前几天就睡不着觉，心事重重，自己无法解脱，也看了两次心理医生，但都没有解决问题。我告诉她，孩子其实是感到孤单，她希望有人可以依靠，但又不好意思说。我希望家长高考前最后一段时间多与孩子见面，让她有倾诉对象和心理依靠。

第三，心理问题的解决不能只靠讲道理。很多时候，孩子道理都懂，但就是不能说服自己。这时不要用过多的大道理让她烦躁，要想办法让她投入行动中。

第四，如何让她不再焦虑？在帮她解决了一些具体问题后，重点是改变她的思想状态，让她顺应自然，悦纳自我。我觉得书信是很好的私密交流方式，就给她回了一封信，就她提到的问题一一解答，并结合自己的人生经历给了她一些建议。

简单生活，做自己心中的天使

加加：

你好！

感谢你的信任。我在年轻时，也经常有孤独感，你所诉说的与周围环境不协调的焦虑，我都经历过，甚至一度比你的处境更艰难。我不喜欢过度交往，不喜欢把时间花在议论别人上，不喜欢和挑衅我的人面对面地对立。如果听到别人说我的坏话，我从不去辩解，也从不去争论。这反而激发了我的斗志，我会用尽心思做得更好，事实会让那些造谣生事的人无地自容。我每年给学生拟定的百日誓词上都有一句话："我要用成绩回报那些看得起我的人，回击那些看不起我的人。"其实，这是我一直以来的处世哲学。

当我在高中感到艰难时，幸好，我找到了"学习"这个世外桃源。我全身心地投入学习，内心世界极为充实，我经常在班里考第一名，每次选"三好学生"时，我的票数最高。我觉得，是我的简单战胜了所有的复杂。其实，每个人都喜欢亲近一个简单的人，谁不防备一个复杂的人呢？

我读高中时，也有人喜欢"八卦"，但我认为那是他们没追求，所以我们不必羡慕他们；也有很多人自私，但其实狭隘的胸襟经常让他们痛苦，所以我们要同情他们。上大学后，不用整天应试了，我又重新陷入孤独之中，经过短暂的调整，我发现了写作。那时我每天都疯狂地写，已经不需要和生活中的每一个具体的人打交道，因为，在写作者的眼中，我看到的是每一个类型的人。

真正的困难是在参加工作之后，我遇到了太多的明枪暗箭，看到了太多的尔虞我诈，遭受好友出卖，也饱受不公平的待遇……在经过短暂的调整后，庆幸的是，我在教学中找到了归宿，我开始把精力都用在教学中。我的成绩很突出，让一些人羡慕，让一些人嫉妒，也让一些人痛恨，但这和我有什么关系呢？我和学生的关系也不错，即使我不当班主任的班级，学生也把我当班主任一样信任。

我现在已经很少烦恼了，也许年龄大了，也许已经没有什么追求，但人际交往仍然是我的短板，我不以为憾。每天读书，做题，打球，陪伴孩子，偶尔写点儿东西。我，自有我的价值，自有我的简单生活，我不羡慕别人呼朋引伴、吃喝玩乐。改变能改变的，顺应不能改变的，"至人无己，神人无功，圣人无名"。

谢谢加加让我回忆起我的青葱岁月，你和我年轻时的性格有很多相似之处，但你没有经受过我的苦难，我当时所处的环境也没有现在这么好。不必顾虑太多，要分外珍惜时间，好好地活，快乐地过，让自己开心，做最优秀的自己。你要知道，一些人，幸福着你的幸福，痛苦着你的痛苦。你爱一些人，就要让他们放心，让他们为你骄傲；你讨厌一些人，就要敬而远之，何必在他们身上花费自己宝贵的时间和情感呢？

说一些具体的问题吧。

当你觉得与这个世界格格不入时，恭喜你，你已超越了平庸。这个世界只有少数人有忧患意识，你已经具备了成为优秀人物的潜质。不用和谁对立，“结庐在人境，而无车马喧”，做自己喜欢的事，等有一天，当你站在高山之巅，俯瞰世界时，你会发现，这个世界不复杂。你有多简单，这个世界就有多简单。

你的妈妈很好，你不要怕打扰她。父母来看孩子，很多时候不是为了孩子的幸福，是为了满足自己对爱的需求。尽管去麻烦她吧，麻烦她就是爱她的最好方式。（可以给你的妈妈看，看她会不会认同我的观点）

妹妹成绩不好，改变不了她，就成全她。技校毕业，她极有可能最早过上幸福生活，未必不如你。

对于身边看不惯的人，没有必要因为她们而改变自己，也不要试图去改变她们。其实无论她们多么“八卦”，她们往往会从内心敬佩和乐意接近一个简单的人。

“未放弃希望”还远远不够，要主动燃起斗志。当你像一只小猎狗那样死死咬住自己的猎物时，你会变得无所畏惧。你的焦虑，缘于你没有百分百投入。天下本无事，庸人自扰之。

不要怕不能满足父母的期望。你一直尽力而为，他们就会满意。即使不能鹤立鸡群，父母也会坦然接受。其实，如果你一直能做到简单、尽力而为，我非常看好你的未来，至少远远胜过我。

沉默退让是一种大智慧，是一种优秀品质。君子有所为，有所不为。放弃生活中的琐屑之争，才能把精力集中于实现自己想要达成的目标上。

高考是人生的一座里程碑，但它只相信汗水，不相信泪水。收拾心情，把一切磨难都化作成长路上的收获。

不要太贪心！你已经得到太多。在老师眼中，你是一个积极上进的好孩子；在父母眼中，你是一个温柔体贴的小棉袄；在同学眼中，你是一个简单阳光的好同学。在你自己眼中呢？你不需要成为一个完美的人，简单生活，做自己心中的天使，可好？

祝梦想成真，前程似锦！

反馈思考

信送出后的第二天，上语文课，我进教室后先看了她一眼，她不好意思地笑了一下。这一笑让她明媚很多。下课后，她在走廊无人处等我，很真诚地说："谢谢老师。我原以为您会认为我很烦，不会理我。感谢您的信任和开导，我也会尽力调整好自己的状态。"

很快，她又恢复了往日的快乐与单纯，在"二模"中成绩有较大进步，她也因此找回了信心。后来她在高考中取得优异成绩，顺利被中山大学录取。

高考前夕，她再次交给我一封信，信中表达了对我的感激之情，陈述了自己的思想转变和奋斗目标。读完这封信，我非常感动。作为老师，我并没有付出太多，却得到了满满的感动。以自己的微小之力改变一个孩子的人生观，这是做老师最大的价值。另外，我也发现一个细节：在这封信中，加加称呼我时，在前半部分有时用"您"，有时用"你"，而到最后，她已经能非常自如统一地用"你"，或许，这也是她发自内心地对我的"悦纳"与信任吧。

通过本次交流，我也获益良多：年轻的孩子就是一朵花，接受一点儿阳光就能灿烂，老师可以做孩子的太阳，照亮别人，温暖自己；爱出者爱返，福往者福来，献出真心，才能收获真心；有些在学习上焦虑的孩子往往是因为单纯，遇到稍微复杂一点儿的问题就无法处理，这时老师要做的，就是让他们再次回归简单，顺应自然，悦纳自我；解决心理问题不但要有感情上的疏导，更要帮孩子找到解决问题的方法。有时，方法比道理更重要，为生命找到出口，鲜花自会开放。

>>> 张来虎　广东省东莞市东华高级中学

当学生遭遇抑郁症

抑郁症又称抑郁障碍，成因复杂且尚不明确，它可能导致患者学业、工作无法继续，生活无法自理，自残乃至自杀等严重后果。

其实，很多抑郁症患者早在青少年时期便表现出了一些症状，相关研究表明，高中生抑郁症状检出率为 15.7%～25.3%，可惜许多家庭、学校对此并未引起高度重视，使许多患者错过了最佳治疗时机。

那么，当学生遭遇抑郁症时，班主任该怎么办呢？

案例描述

接手新班级第一个月，我便留意到小 Y 经常请假回家，理由常为“头晕”“睡不着觉”“心烦，无心学习”等。小 Y 少言寡语，作为班主任的我向其询问一些基本情况时，他只是简单应答，不肯吐露心声；在班级中他也是独来独往，几乎不与他人交流，开学一个月了还只能叫出同桌一个人的名字。

察觉到异样后我与小 Y 的父母进行了沟通，了解到该生家庭关系复杂：父母在其 6 岁时离异，他跟随父亲生活。父母在离婚后因为经济问题出现过多次纠纷，小 Y 从小学一年级开始入读寄宿制学校，到现在已经有 10 个年头了。父母长期疏于关注小 Y 成长，导致他与父母的感情非常淡薄，甚至非常抵触父母。

分析诊断

在当班主任短短 5 年时间中，我接触到了很多有抑郁倾向的学生，个别学生被医生确诊为抑郁症。小 Y 的情况与被确诊为抑郁症的学生很相似，所以我心中有些怀疑，但我知道，心理、精神方面的问题其实非常复杂，仅仅依据我观察到的有限现象，很难准确判断小 Y 的情况，不能轻易断定他得了抑郁症。但因为小 Y 经常请假、长期失眠，已经影响到了正常的学业，所以我建议其父带他去正规的公立医院精神科进行诊断，以确诊孩子的情况，然后我们才能对症下药，找到帮助小 Y 的正确方法。

起初，小 Y 的父亲非常抵触带孩子去看精神科，认为孩子仅仅是“心情不好”或“脑神经衰弱”，跟他“好好谈谈心”就可以解决问题，拒绝了我的就医建议。我没有放弃，而是换了一种方式，推荐他的父母看了一些关于抑郁症的科普类文章，使其父母认识到抑郁症是心理、生理、环境等多重因素共同作用的结果。若确诊为抑郁症，单纯的言语鼓励不仅起不到调节作用，还可能适得其反，使孩子承受更大的压力。同时，单纯通过网络自查抑郁症并不科学，抑郁症必须经过权威医疗机构检测才能确诊。

两周后，小 Y 被一家三甲医院确诊为轻度抑郁症，惊慌失措的父亲带着医生开的药来找我寻求帮助，希望孩子能够改善病情，顺利完成学业。沟通中我得知小 Y 的家族并没有抑郁症之类的遗传性精神疾病，我意识到小 Y 的情况可能与其缺乏家庭温暖息息相关。

辅导过程

一、正视抑郁，悦纳自己

小 Y 得知自己的情况后告诉我两件事：第一，他想坚持上学；第二，不能让同学们知道他患病的事情，要我替他保密。经过与他的主治医生、学校的心理老师和家长沟通，我们决定支持他继续读书，但我也给了他以下建议。

①按时服药，遵医嘱定期复诊并配合心理治疗，因为抑郁症如同身体上的疾病一样，需要就医治疗，不是简单的心理咨询能够解决的。

②推荐相关论坛，使其主动了解抑郁症，了解其他人对抗抑郁症的措

施，寻找“同病相怜”之人，借助网络正确认识自己，消除“病耻感”。

③在个别谈心时讲述了公众人物患抑郁症的故事，让他明白这是很常见的一种疾病，而且是可以治疗的，帮助他建立起对抗疾病的信心。

④让他感觉自己有不好的症状时尽快告诉老师，也可以用周记、写信等方式向老师倾诉，老师百分之百替他保守所有秘密。

同时我对小Y保持密切关注，谨防意外情况发生。

二、创设条件，融入集体

1. 树立良好形象，提升自信心

抑郁症患者的一个非常典型的症状是“自我评价低”，对很多事情没有信心。小Y的学习成绩差，人际关系一般，可圈可点的优点是非常爱整洁，打扫卫生很积极，于是我决定将这个优点充分利用起来。

小Y返校后，我想任命他为班级劳动委员，由他来培训小组长如何展开班级清洁工作，同时负责监督班级的卫生情况。但小Y一开始对此有所抵触，因为他不愿意做“管理他人”这类麻烦的事情。

后来在选举班干部前，我让学生评选班级中卫生搞得好的“内务明星”，小Y平时的表现被学生看在眼里，不出所料地当选。趁热打铁，我推荐小Y为我们班的劳动委员，后来全班学生在民主投票环节一致推荐他来负责班级卫生工作。就这样，小Y因为不能违背“民意”，半推半就担任了劳动委员。因为他本身受不了肮脏的环境，在他的督促和我的暗中帮助下，我们班的教室和宿舍卫生工作都搞得有声有色，屡次得到学校表扬，这让小Y在同学心中树立起了“优秀班干部”的良好形象。他开始慢慢与同学交朋友，自信心和社交能力一步一步提升。

2. 借助体育运动改善情绪

体育锻炼可以促进大脑分泌多巴胺等物质，这类物质可以很好地改善抑郁情绪。

我了解到小 Y 喜欢打篮球，于是将其他几个爱好篮球的孩子与小 Y 安排在同一个宿舍，舍友们都是聪明、善良的孩子，心里都明白我这么安排的用意，于是经常拉着小 Y 打篮球。渐渐地，他成了我班篮球队的主力队员。当我班篮球队在比赛中取得胜利时，小 Y 的脸上浮现出了久违的笑容。

3. 缓和亲子关系

小 Y 抑郁的根源在于家庭关系不和谐，亲情的缺失使他长期处于不良情绪中。由于父母的疏忽才导致小 Y 不良情绪积压而成抑郁症，所以，他的父母颇为自责，希望我能想办法创设条件帮他们弥补过失，让小 Y 重新享受到久违的亲情。我欣然答应。

我校是全住宿制学校，学生一周才能回家一次，小 Y 与家人接触的时间非常少，因此我只能借助点点滴滴的小事想办法帮助他们缓解亲子关系。我与其父母分别沟通，建议他们通过送饭这件小事拉近与孩子之间的距离。小 Y 对父母多有怨言，也比较排斥父母，我以小 Y 需要加强营养为由让他答应父母轮流每天给他送一餐饭（事先已和他的父母商量好），由我转交给小 Y。很多时候，我以事情太多为由，为小 Y 的父母创造与他单独见面的机会，帮助他们拉近亲子关系，让小 Y 可以感受到父母真诚的悔过和日后愿意好好陪伴他的决心。

“班级集体生日”那天，我说服小 Y 的父母放下对彼此的成见，一起来为小 Y 庆生。妈妈回顾了小 Y 出生时的种种不易，爸爸回顾了他小时候点点滴滴的趣事。整个过程温馨而感人，小 Y 与父母的关系得到了很大的改善。

三、长期追踪，持续关注

经过一学期各方面不懈的努力，小 Y 做事情主动了许多，对父母的排斥一点儿一点儿减少，也愿意每周写一篇周记来向我吐露心声。后经医生诊断，小 Y 可以不用再服抗抑郁药物了。但是我知道，抑郁症的复发率非常高，仍需要学校心理咨询中心和家庭的长期关注。

案例总结

当学生遭遇抑郁症时，很多班主任会一筹莫展，因为从表面看，这些学生非常“顽固不化”，他们“油盐不进”“拒绝沟通”，却不知这正是抑郁症外显的症状之一。在面对这些学生的时候，我深切感受到了包容、忍耐、关怀的重要性。包容学生的缺点，努力发现学生的优点，创设条件让学生参与集体活动，既可以体现他们的个人价值，又可以帮助他们消除自卑感。将细致入微的关怀融入对这类学生的日常管理中，他们会敏锐地感受到这份爱，并逐渐增强对老师的信任，进而慢慢地打开心结，向老师吐露心事，而这个时候，班主任认真聆听，也是辅助治疗的关键措施。

当然，很多心理问题的根源在于家庭，但是很多家庭忽略了这个问题。在帮扶小 Y 的过程中，我调动了其已经离异的父母的积极性，在他们的参与下小 Y 才得以日渐好转，这是我自认为比较成功的做法。但最重要的一点是“及时就医，遵从医嘱”，这才是治疗抑郁症的首要途径。此外，班主任只有对抑郁症有科学的认识和了解，才能提供较为科学的指导和帮助。

>>> 陈潇潇　广东省中山纪念中学

自残，只因自责

背景与诊断

楚楚，16岁，我校高一女生，性格内向，情感丰富，思维敏捷，学习成绩一般。父母均为普通工人。一次心理健康课上，她请我坐到旁边，让我看她的手，我一看，她的手上有很多小刀的划痕。她悄悄告诉我她有自残行为。我意识到她可能出现了心理问题，请她课后到心理辅导室来详谈。

上完三节课后，楚楚如约来到辅导室。在给她讲了什么是心理咨询、心理咨询的保密原则及保密例外原则后，她告诉我：几年来，每当想起奶奶时，她就用小刀划自己的胳膊、手背。两三个月一次，时间并不固定。自己划的时候下手不是很重，有时会有血出来。这种情况已经好几年了。她也知道这样不好，可是控制不住自己。她很想改变，所以今天课上下了很大的决心举手叫我到她跟前。

听她说想起奶奶时才会发生自残行为，我问她："能否告诉我，你和奶奶之间发生了什么事？"她的头垂了下去，开始沉默。我明白她的心一定在痛苦中挣扎。她沉默了5分钟之后，我轻声说："有些事情我们无法阻止它发生，不管你是否愿意面对，它都存在着。所以重要的不是掩盖它，而是以正确的态度去面对它。我知道你很痛苦，但是我们要想解决问题，就必须正视它，我会陪你一起面对。"我坚定地看着她，她终于抬起了头，开始跟我讲起她和奶奶之间的事。

原来她小时候一直和奶奶住，但是因为奶奶重男轻女，对她不是很好，经常骂她。随着年龄的增长，她内心充满了对奶奶的怨恨，她开始希望奶奶死去。而在她念初一那年，奶奶真的死了。从此她的内心充满了自责，非常痛苦，因为她觉得是自己的诅咒害死了奶奶。后来她在网上看到一个痛苦的女孩用小刀划自己的胳膊后不再痛苦，于是她也想试一试。刀子划下去时，虽然胳膊很痛，但是内心的自责慢慢消失了，不再痛苦了，她有一种解脱的感觉。从此，每当她想到奶奶时就用小刀划自己的胳膊或者手背。

从她的叙述中，我初步确定了其自残的心理原因。

一是自责、自罪心理。她认为奶奶的死是她造成的，因为她曾经多次希望奶奶死，并且说过这样的话。一想到奶奶是自己害死的，她就会出现自责心理，并伴随自残行为，通过这种自我惩罚获得心理上的平衡。

二是不合理认知。楚楚存在两个错误认知，表层的错误认知是认为奶奶的死和自己有关，深层的错误认知则是对“死”的误解。在咨询中我了解到，楚楚在“希望”奶奶“死”的时候只有 5 岁，一个 5 岁的孩子根本就不知道“死”是什么意思，她所理解的死就是奶奶不在自己跟前，不再骂自己了。她说，如果知道死是永远消失，永远见不到了，那她肯定不会说那样的话。

辅导过程

了解到上述情况后，我决定先采用认知疗法，改变其不合理观念。我请她回去思考两个问题：小时候你理解的“死”是什么意思？奶奶的死是你所能控制的吗？

在第二次咨询的时候，我请她回答这两个问题。她告诉我：回去仔细考虑了我的问题，她当时并不清楚“死”是什么意思，只是天真地想着奶奶死了就不会骂她了，小时候理解的“死”和现在所理解的是不一样的，有很大的区别。同时她也告诉我：奶奶生病去世是自己不能控制的，看来奶奶的死和自己是没有关系的。

通过这次咨询，我引导她认识到自己脑中存在一些不合理观念，同时告诉她每个人脑中都存在一些不合理观念，正是这些不合理观念干扰了我们的生活，但是我们生来具有用理性观念对抗非理性观念的能力，只要认识到自己的不合理观念，就能通过改变不合理观念来改变自己的行为。她表示回去好好想想我说的话。

在第三次咨询中，我了解到她在奶奶去世时因为害怕没有好好和奶奶告别，决定运用“空椅子”技术来完成她对奶奶的告别，同时让她体验奶奶对她的期望。我把两张椅子放在楚楚面前，让楚楚坐到一张椅子上扮演自己，然后坐到另外一张椅子上扮演奶奶。两者展开对话，让她站在奶奶的角度去考虑问题，理解奶奶，从而消除自责心理，按照奶奶的愿望爱惜自己的身体，消除自残行为。以下是部分对话：

楚楚：奶奶，对不起，我不是真的希望你死的，我只是想让你不要骂我，那时我真的不知道“死”是什么意思。奶奶，对不起！

“奶奶”：傻孩子，奶奶一直很爱你，奶奶希望你好好活着，要爱惜自己的身体，好好学习，将来考个好大学！

认知治疗以及“空椅子”技术使楚楚认识到自己的问题，她表示今后要爱惜自己的身体，不会再用小刀划自己的胳膊和手背，一定要好好活着，好好学习，不辜负奶奶的期望。

效果与反思

一个月后，我在校园里碰到楚楚，询问她现在的状况。她告诉我：她已经不再用小刀划自己了，因为她已经明白了奶奶的死和她没有关系，生老病死是每个人都要经历的，也认识到自己原来的想法不对，以后不会再自残了。

辅导结束了，效果良好，求助者的不良症状基本消除，情绪也大为好转。但是我的心情却比较沉重。现在的青少年压力大，特别是有些孩子的父母工作比较忙，和孩子沟通很少。本案中楚楚的轻度自残行为持续了好几年，她的好朋友都知道，她的父母却一直都不知道。相当多的父母只知道在物质方面满足孩子，却很少过问孩子的内心世界，这样就容易导致一些悲剧发生。

近几年发生在青少年身上的自残个案给我们敲响了警钟，作为老师，我们一定要留意孩子一些不寻常的举动并耐心弄清原委，然后采取恰当的措施帮助其走出心灵的沼泽地；要让孩子开口表达内心的情绪，学会发泄不良情绪，引导他们珍爱身体，珍爱生命。

>>> 王海娟　陕西省西安市第七十五中学

向网游说“再见”

小亮本是一个聪明、活泼的学生，学习态度也一直较好。可从初一下学期起，他开始频频出现不及时完成作业的现象，而且上课时魂不守舍，下课后行色匆匆。经了解，原来小亮迷上了网络游戏，还以买学习资料为名骗得父亲近两百元钱，全都挥霍在网吧里。

经过多次与小亮父子的深度沟通，我得出小亮沉迷于网游的原因。其一，小亮的母亲在他儿时便已离世，父亲心疼他没有母亲，对他几乎是有求必应，这使得他习惯了花钱大手大脚。其二，在学习上几经挫折后，失败感增强，产生学习倦怠心理，而虚拟的网络游戏恰恰给予他成功和快乐的体验。其三，对网络游戏的危害认识不够，自认为不旷课、不迟到，只是利用课余时间玩就没关系，对沉迷于网络游戏的严重性估计不足。其四，缺乏自制力。小亮坦言，有时本想做完作业再去玩，可一走到网吧门口就禁不住诱惑进去了。每次玩游戏时兴高采烈，结束后却有深深的愧疚感，可就是管不住自己。

针对小亮的现状，我进行了深入分析，并制定了一系列措施，努力从根本上使其认识到问题的严重性，从而走出网游的泥潭。

一、坦诚分析网游利弊，促其进行自我反思

我首先帮助小亮做了心理测试。测试结果显示，小亮出现的因游戏而影响正常学习和生活并开始骗钱玩游戏的行为，已属于中度痴迷，测试结果已向测试者提出严重警告。这一结果让小亮颇受震撼。继而，我要求他理性分析玩网络游戏的得与失，逐条列出并进行比对。当单纯地追求游戏快乐与失去家长、老师和同学的信任，以及自己在生活中的挫败感形成鲜

明对比时，小亮沉默了。

于是，我又让小亮利用网络搜索沉溺于网络游戏的危害。当他把搜集到的资料交给我时，我也将自己搜集到的触目惊心的案例交给他。一个个与他同龄的中学生从痴迷游戏开始到最终走上犯罪道路的案例，再次引发他思想的震动。我趁热打铁，要求他把内心真实的感触写出来，于是他在文章中写道："我本来以为玩游戏就是玩游戏，根本没有认识到问题的严重性，可在我看到自己的心理测试结果、那些中学生因沉迷于网游而犯罪的案例，以及老师帮我分析沉迷于网游的弊端后，我感到后怕——如果我执迷不悟，也许有一天我也会成为网络游戏的猎物。"

我的一番努力达到了预期的效果，这让我感到欣慰。然而我也清楚地知道，要想使他彻底改变，还有很多工作要做。

二、营造班级快乐氛围，助其品尝成功的喜悦

小亮痴迷网络游戏的重要原因之一是学习上遭遇挫败，而网游却带给他极大的成就感，这在很多痴迷网游的中学生中具有普遍性和典型性。为此，我在班上开展了一些竞赛活动，充分发挥学生的积极性，使他们在竞赛中体验学习的快乐和成功。例如班级知识竞赛，我要求每个学生都出题，然后对题目进行选择并加入我先前出好的题目里；班级分为 3 组进行比赛，每组最后选出 3 人进行第二轮竞赛。

活动中，为了激发小亮参与的积极性，我提出希望他担任我的助手。同学们都很羡慕他，围着他刨根问底，小亮的脸上流露出喜悦的笑容。我趁此机会，鼓励他说："这仅仅是快乐的一部分，要知道你还失去了竞争的快乐，老师希望下一次活动时你能成为活动的主角。"

另外，我还联系其他任课教师，请他们着重关注小亮的每一次努力和进步，并及时与我联系，对他进行鼓励和表扬。经过一段时间的努力，小亮的精神状态发生了明显的变化，不但上课时能够主动发言，参加班级活动时也更加积极了。在随后举行的班级辩论赛"我看网络游戏"和班会"压力面前我做主"中，他都有上佳表现。

可就在我认为我的教育正在取得成功时，有学生反映小亮周五晚上又进了网吧，并且玩了一个通宵。

三、改变家长的教育观念，形成家校教育合力

我又一次找小亮谈心，了解到他的父亲为了促使他进步，承诺了物质奖励——只要考试进入班级前10名，就奖钱。最近我们进行了一系列复习测试，小亮有两科考试进入了前10名，父亲奖励了他一些钱。于是他在网吧玩了一个通宵，而他粗心的父亲因为上夜班，对此一无所知。

我觉得小亮的父亲在教育观念上存在误区，而小亮又是一个自制能力较差的学生，一旦有诱因，便很容易出现反复。因此，我和小亮父子进行了一次特别沟通——请小亮的父亲介绍他所做的工作、家庭收入的来源。当小亮了解到父亲每月只有1500元的工资收入，要靠兼职维持家庭开支，并且为了能让小亮“过好日子”，父亲每月的消费不到300元时，他惭愧地低下了头。

见此情景，我不失时机地对他说：“天底下的父母都是最无私的，为了你的进步，父亲付出了很大的代价，父亲给你奖励是他表达父爱的最直接的形式。你要理解父亲，要看到父亲的拳拳爱心。在节日时，如果给父亲送上一份充满爱的礼物，不是比把金钱浪费在网吧里更有意义吗？”小亮听后，起身向我深深鞠了一躬，说道：“老师，谢谢您！我以前从未体会到老爸的辛苦，花钱大手大脚，还深陷网游，实在不应该。您放心吧，这次我一定要和网游说‘再见’！”

在与小亮父亲的谈话中，我也表示理解他的做法，但是希望他不要轻易给孩子零用钱，而要多关注孩子的饮食起居，引导小亮形成正确的消费观念，并指导小亮建立账本，进行理财教育，特别是要了解孩子的消费，不给小亮上网的机会。学校与家庭要形成教育合力，从而彻底改掉小亮的坏习惯。

这次深谈引起了小亮父亲的足够重视，在随后的一段时间里，小亮果然再没有机会进入网吧。

四、形成互助学习小组，发挥集体教育作用

为了使班级学生能够共同进步，我在班级设置四人一组的互助学习小组，小组成员在学习上互帮互助，在生活中多加沟通，形成积极向上的班级风气。尤其是小亮这组的成员，我特别进行了精心选择。小婷是一位认真负责、品学兼优的学生，可以起到引导全组前进方向的作用；小世同学学习扎实、思想正派，与小亮家仅隔一条马路，放学后一起回家，基本上使得小亮失去了放学途中溜进网吧的机会；小亮虽然足够聪明，但自我约束力不够，学习成绩忽上忽下，我给他布置了帮助小浩同学的任务；小浩虽学习基础差，听课吃力，但很认真，很努力。这样的安排，既对小亮起了引导、约束的作用，也给了他展示自我、帮助同学的机会。其实，在帮助小浩的同时，小亮也在进行自我教育。在这样的小组里，小亮既有学习的榜样，也有发挥自己能力的空间；既不断学习别人的优点，也竭力帮助别人，最终赢得了尊重。

经过以上教育过程，小亮有了比较明显的进步，再未出现沉迷于网吧、深陷于网络游戏的现象。我对此深有感触：教师不仅要找到孩子犯错的根源，而且要有针对性地制定教育措施，不能武断打压、操之过急，强制教育往往会适得其反，针对具体情况采用灵活多样的教育手段，能起到良好的教育效果。

>>> 邢会英　河北省石家庄市第八中学

别用道德的尺测量心理的井

一、源起一件小事

班上有一对人见人爱的女孩——C和Z，两年来她们一直是非常好的朋友。她俩成绩都不错，能力强而且性格随和。但相对来说，C的成绩和能力都要略胜一筹，一直以来，都是她在“引领”着Z。但是，Z更感性，更温柔和顺，也更细腻体贴。每个节日，我都能收到她的短信；情绪低落时，她总是想方设法地安慰我。我和Z，有一种类似于亲人之间的牵挂和体贴。而C更理性、更独立，我喜欢、欣赏甚至佩服她，但我们之间没有那种暖暖的亲昵——我不刻意表现对哪个学生的好，也不刻意隐藏对哪个学生的爱。我教学生说真话做真人，我也以我的本来面目出现在他们眼前：有缺点，有好恶，也有人情味儿。

最近，她们之间发生了一件小事——第一次，Z在一次小型考试中成绩超过了C。在别人看来，这是一件非常非常小的事情，但是，对这两个女孩来说，却绝对会是一件大事。我知道，C的心里一定会起波澜，这是每个人都会有的正常反应，与道德优劣无关。

二、接纳人性的弱点

我和C谈心。走廊尽头，我们相对而立——这也是一种“平起平坐”的姿势。教室里书声琅琅，不会有人听到我们谈话。

“知道这次考试Z的成绩比你好，你是什么感觉？”我单刀直入。

“心里有些不舒服。”呵呵，果然是我的学生——不矫情，不绕弯儿。

“你这么一说，我就知道你说真话了，接下来就好说多了。如果你说很高兴，那你一定是骗我的。”我轻抚一下她的头，与她相视而笑。这笑里，是两年的时光积淀起来的坦诚相待。

“为什么？”

“不知道，就是觉得不舒服。”

“我来替你说吧。这么久以来，一直是你更优秀，所以你习惯了帮助Z，习惯了Z向你学习，也习惯了Z对你的仰视。但是，现在这种平衡突然之间被一次考试打破了，你短时间里不能接受这种改变，对不对？而且，我猜，在你们的关系中，Z在生活方面是不是付出更多，而你也心安理得地接受了这种付出和照顾？”

她连连点头，目光中有一丝诧异。

我迎着她的目光说：“想知道卢老师为什么这么了解你的心理吗？因为我也遇到过类似的情况。”我给她讲了我和朋友之间的一些小事，她的脸上现出释然的表情。既然老师也会这样，她就比较容易原谅自己的小心眼儿。我知道，她会一边嫉妒一边自责的。

“你的嫉妒，你的不舒服，是每个人都会有的正常反应，你不必为此充满道德上的罪恶感，觉得自己是一个心胸狭窄的人。这仅仅说明人性是多么复杂，就连对我们亲近的人，我们也会有一些阴暗的想法——嫉妒、自私等，这些都是人性固有的弱点。这些弱点本身并不可怕，可怕的是不愿接纳这些弱点，甚至因此背上沉重的道德负担。要知道，我们每个人的成长过程，就是慢慢克服这些弱点的过程，所以，这些弱点其实也是我们成长的契机——发现，接纳，克服，成长，如此而已。”

“你愿意为了这小小的不舒服而舍弃你们两年的感情吗？”她摇摇头。然后我转移了话题。我想，她自己知道该怎么做。

因为懂得人性的丰富，所以我很少从道德的角度去“审判”孩子的言行；因为明白自己的局限，所以不会居高临下给学生“奉上”金玉良言。我经常说的一句话是：我理解你，因为我也是这样的。我对自己说，我只是来陪伴他们心灵成长的人，我不能塑造他们的灵魂，我不能指明我所认为正确的方向，我只是来陪伴、来理解、来倾听的，只是以过来人的身份，提供一些建议。就像今天的谈话，不过是为了让C更好地认识自己，认识人的内心世界的丰富和可爱、复杂和深邃。当然，也有阴暗和不堪——这是后话，每个人都会经历的。

三、放下心灵的包袱

“你是不是觉得我更喜欢 Z ？”

她重重地点头。

“有没有想过我为什么更喜欢她？举几个小例子。她每次过节都会发短信给我；我伤心，她会陪我流泪。但你为什么从来不这样做呢？是不记得了，还是不想？”

“我记得，每次过节我都记得，但我就是没有发。”

“我理解你。我记得你以前在日记里说过，你不喜欢在老师面前卖乖。你是不是觉得，这样做，是在讨好老师？因为，你本质上是一个很独立的人。”

C 点点头，脸上的表情无法形容。我想可能我对她的了解超出了她的想象，她觉得不可思议。

“我知道，你的性格与你的成长经历有关系。你比别人独立，不想依赖别人，相信个人奋斗的力量，其实都和小时候爸爸的突遭不幸有关，对不对？在那之前，你是不是更娇气、更有优越感一些？你的独立，只是不想让自己再受伤害，因为你怕其他人也会像爸爸一样突然离开，而你将再一次无所依靠。”我缓缓地用一种平和的语调说出我的看法——只是看法而已，没有大道理，没有需要强迫接受的东西。

C 突然哭起来，是一种强力抑制而终于失控的哭泣，肩膀抽动得厉害。我很想把她揽入怀中，静静等她哭完，但是我没有，我怕她不习惯这样的亲昵。

“为什么哭？”她是个坚强的孩子，很少很少哭。

“我……觉得……你对我很好，很好……”

“是觉得我很懂你？而之前没有人这样清楚地知道你的想法？”

她点点头。

是啊，一个这样小的孩子，背了这么重的心理负担，踽踽独行了这么多年，突然之间有人知道她背着包袱，突然之间她觉得这个包袱终于可以放下了，此时，情感的爆发或者宣泄，是自然而然的。

“你看过周国平的《妞妞》，面对巨大的灾难和痛苦，即使是周国平也很难接受。但这是没有办法的事情，这是上天给你开的一个巨大的玩笑。没有办法改变，只能接受、忍受。”她极喜欢周国平，比别的孩子更敏感、更敏锐。

“我们不歌颂苦难，但是对于无法避免的苦难，我们也不用害怕。C，我看见你从去年开始，就变得不那么快乐了。我知道你想通过自己的努力，改变命运，争取你想要的东西，因此你的压力很大。但是，我还是希望你快乐，你知不知道？”

她努力地笑笑，但还是忍不住抽咽。

“要学会向你周围的人表达你的爱意和善意，告诉他们，你很爱他们，他们也会更爱你的。回教室吧，害怕别人知道你哭过吗？”

“不怕。”

“是的，我们不怕。”我看着她走进教室。

四、陪伴、理解、倾听

近来，在与学生交往上，我最重要的一个思考就是，我该以什么样的姿态陪伴学生成长？是灵魂的工程师，主要从事塑造工作？显然，我担当不起这样的重任，也承担不了这样的重压。是人生的导师，主要工作是指明方向？好像我也没有这么宽的视野和远见，我顶多只能为自己的人生负责。最后，我得出的结论是：我的工作，只是陪伴、理解和倾听而已。

当我们用道德的尺去衡量孩子们的心理现象时，我们忘记了每个人都是一口深不可测的井，我们其实并不了解他们的曾经，他们的境遇，他们内心的纠结和挣扎，更忘记了，我们自己，也是一个道德上不完善的人。

>>> 卢望军　湖南省岳阳县第八中学

及时帮助有自卑倾向的学生走向自信

心理学家阿德勒（Adler）认为，每个人都有先天的生理或心理欠缺，这就决定了每个人的潜意识中都有自卑感存在。而每个人解决其自卑感的方式都将影响他的行为模式，如果处理不当，可能会出现严重的精神病理现象。每每想到这些，作为班主任，我心里总感到压力重重，我要关注学生的身体健康，更要走进他们的心灵，让他们身心都健康发展。

一、“他们比我强，我怕……”

小成，个高肤白，一个名副其实的帅小伙。平时他很少与同学交流，游戏，我想：男孩子嘛，深沉一点儿也无妨。可是，这两天我发现他课间不仅坐在位子上不动，不与同学一起活动，眼神看上去也有些迷茫甚至呆滞，这令我很费解。于是，我利用午休时间和他聊了一会儿。然而短短半小时却让我感到很疲惫，因为他总是闷不吭声，我问一句，他答一句。不管怎样，通过交流我知道了他的一些情况。他的父母做小生意，不常在家，他的生活主要靠姐姐照顾；父母和他的沟通只是偶尔询问成绩，然后就是唠叨：“隔壁的明明学习成绩在班里是第二名。”“老乡家的儿子学习从来不用家长管，还能考出好成绩……”这一连串的比较压得小成喘不过气。前两天的英语测试他又没考好，担心爸爸妈妈回来要问，所以忧心忡忡。我问他为什么不和班里同学一起玩。他低着头，小声嘟囔：“我不是不愿意跟他们在一起，可我的成绩不好，他们比我强，我怕他们不和我玩。”我又问他最喜欢和谁在一起，他望着窗外，支支吾吾，半天也没说出来。其实他非常渴望交朋友，渴望与人交流，但是碍于自己成绩不理想，总担心大家看不起他，于是不愿在别人面前表达自己，与大家的接触越来越少，渐渐地就把自己封闭起来了。我告诉他，学习上的失败并不可怕，这不能代表他的全部，大家都特别喜欢他为班集体做事的样子，说他像个男子汉。我建议他课下主动去和同学打招呼或者有困难时向他们寻求帮助，这样和同学在一起的时间和机会就多了；在课上多发言，这样大家就会对他有更多了解，也会主动和他交往。最后，我告诉他：无论自己有什么样的缺点，都不应该对自己失去信心，要相信自己也有优点。听到这里，小成微微地点了点头。接下来，我让他自己先想想怎样改变现状，然后和他一起制订了一个计划。

①每天上课至少举手一次，让更多同学了解他在努力。

②每天至少主动与班里一名同学微笑着打招呼、交流。

③当身边的同学有困难时主动帮助，自己有困难时也可以主动找同学帮助。

看着这三条计划，他坐在那里一声不吭，显然他有些不自信。我劝慰道："不用怕，如果一下子做不到这些，可以慢慢来，就从和你身边的几个同学交流做起。"他答应了。

二、"孩子，再勇敢些"

第二天上课，我不时看他，发现他也在偷偷看我，我想他一定是在观察我是否注意他。在我提出问题后，他抬起头环视四周，还不忘偷偷瞥我一眼。我看着他并示意他快举手。他勇敢地举手了，尽管回答得不完整，但我仍在全班同学面前送给他掌声。课下我又把他叫到跟前鼓励他："你今天的表现很好，下次再勇敢些。"就这样，经过近半个月的实践，他在课上发言的次数越来越多，课下也经常与周围的同学聊天。有人说，称赞对温暖人类的灵魂而言，就像阳光一样。对学生任何一点儿值得鼓励的地方，我们都应该加以肯定、赞扬，并通过持续不断的鼓励，使其保持下去，这样就会逐步提升他们的自信。

小成自信心的缺失，与家庭教育环境和教养方式有很大关系。因此，我特意与其家长沟通，详细地分析了他在学校的表现及原因，共同商量改善孩子不良心理状况的办法。我建议家长多为孩子提供表现自己的机会。比如，家里有客人，可以让他来接待；让孩子在家里做一些力所能及的事，一旦发现有进步的地方就给予鼓励；多与孩子交流，让他把在学校里发生的有趣的事情告诉父母。家长非常配合，按照我们商定的方法实施一段时间后，家长主动打来电话说孩子最近变化很大，每天一进门就把班里发生的事情告诉他们，有时还眉飞色舞的。看到他的变化，家长欣喜，我更是欣慰。

三、“老师，我帮您！”

一天中午放学后，我忙于整理作业，没去拿午饭。这时耳边突然传来一句低沉的话语：“老师，我帮您把饭拿上来了！”我抬头一看——是小成！他今天竟然主动帮我拿饭，这太不可思议了。我高兴地说：“你主动帮助我，太谢谢你了！”他轻轻地把饭放在我桌上，说：“老师，您吃完我再帮您送盘子。”说完，使劲儿抿着嘴巴。我笑着拍了拍他的肩膀：“谢谢你，吃过饭咱们一起去送盘子！”从那以后，他经常找一些理由来到我跟前：“老师，这道题还用写竖式吗？”“老师，我帮您把窗帘拉上吧？”……我知道，他愿意和我、和同学们交流了，愿意表达自己、调整自己的行为和心理，不再自卑了。由此可见，老师的细心引导、不断鼓励有助于学生建立自信。只要有了自信心，他的生活就会充满阳光。

四、“老师，我想当志愿者”

“请各班推选出一位志愿者参与学校少先队的日常检查工作。”校园广播中又传出了清脆的声音，我环视着班里的32双眼睛，谁去合适呢？忽然，我发现一只小手悄悄地举起，刚好超过桌面的高度。是他——小成，他也在偷偷地看着我。于是，我提高声调：“同学们，谁自愿报名当志愿者？请站起来。”有几个学生很自信地站起来，小成也犹犹豫豫地站起来，说：“老师，我想当志愿者。”“大家会支持你的！”我立即给他打气。学生都看到了小成最近的变化，因此接下来的表决中，大家一致为他提供了机会。事实证明，小成真的变了，不仅努力完成自己的学习任务，认真负责地完成大队部安排的工作，而且主动为班级做事情。

一个早晨，我很早来到学校，发现教室的灯已经亮了，于是怀着好奇心推开了门——是小成。他正在把每个同学的椅子都从桌子上搬下来摆放整齐。我走上去问他为什么这么做，他仰起头，说："平时大家在学习上帮助了我，我也要为他们做点儿事，再说他们都愿意跟我一起玩。"多么朴实的语言，这一定是小成的真心话，也是他渴望已久的学习生活方式。

在孩子的成长过程中，不利的家庭环境和教育会在不同程度上影响孩子的心理健康状况。要改变这种状况，教师要善于观察，走进学生的心里，剖析学生产生问题的根源，为他们创设有利的教育环境，搭建更多施展才能的平台，激发他们的自信，引导他们向着健康的方向转化。

>>> 王新　北京市丰台区长辛店第九小学

让有自杀倾向的学生重新看到希望

那天中午放学时，我班一名女生悄悄对我说：“毕老师，××和××在偷偷商量怎么自杀，请您关注一下。”我听后心里咯噔了一下，问：“为什么？！”她说：“我也不知道，只是听她们悄悄议论了好几次。”我说：“我知道了，谢谢你，请你再留心她们的举动并及时告诉我，但不要把她们的情况告诉其他任何人。”她答应了。

整个中午我都在思考那两名女生（以下简称甲和乙）商量自杀的原因以及对她们进行教育引导的方法。她俩性格都很内向，成绩平平，但具体情况不一样。甲是留级生，虽然复读一年但成绩仍处于中下游，她想自杀也许是感到学习压力太大的缘故；而乙小学时非常优秀，不只文化成绩很好，她的绘画还多次获得过省市乃至全国性大奖，但进入初中后，她的成绩却一直退步，她想自杀也可能是学习的巨大压力所致。

按规定，我班第二天将调整座位，我决定先利用这个机会和她们分别谈话，给她俩各安排一个合得来又性格开朗的同桌，借此机会把她们调开，避免她们继续纠缠于这个话题。然后再视情况进行家访，进一步了解原因，寻找对策。

下午，我先找甲谈话，主要是鼓励她要开朗些，多和同学交往，要学会给自己适当减压，还要注意学习方法，只要尽力就无悔，等等，然后我问她愿意和谁同桌，表示可以优先满足她的愿望。谈完后，我又接着找乙谈话，主要围绕她感兴趣的艺术话题展开，然后谈谈学习方面的事，最后以关心的口吻问她最想和哪位女生同桌。

第二天下午排座位时，我给她们都安排了满意的同桌。当我正计划下一步的教育行动时，乙的妈妈傍晚来学校找我，说乙今天回家很开心，告诉妈妈班主任和她谈了许多。然后乙的妈妈主动与我谈起乙的情况，说：

“孩子性格抑郁，去医院找专家看过几次，吃了近一年的药了。”我有些吃惊地问：“你们怎么不早跟我说说孩子的情况呢？早告诉我的话，我们之间可以更好地配合教育啊！”她说：“没敢告诉您，怕对孩子影响不好。”我说：“孩子的问题要多和班主任沟通，家校合作是教育的最佳方式。这样吧，这个周末趁孩子在家时您悄悄给我发条短信，我去家访！”家长高兴地答应了。

周末，我如约到了乙家，她颇感意外，有些羞涩。我说：“我知道你的美术很优秀，拿出你的画作和奖状让老师欣赏一下吧！”她很听话地拿出了几幅画作并腼腆地说：“老师，一些画拿去参展后就没有退还给我，家里就这么几幅。”接着她又拿出了各种奖状、奖牌和奖杯，堆了满满一桌子。我高兴地说：“好啊，多么优秀的孩子！”她有些羞涩，脸都红了，但看得出她内心很高兴。

我见时机成熟，便接着说：“小学和中学的学习有很大不同，如果没做好小升初的衔接，有的学生学习就可能会遇到困难。你知道毕老师是教过几届高考艺考班的，老师给你出个主意：中考前如果你的成绩赶上去的话，你就上重点高中，把美术作为一种业余爱好，丰富自己、快乐自我。如果成绩没有大幅度提高，你也可以走艺考这条路，其他走这条路的同学大多要停课半年去专门学艺术专业课，而你的美术这么好，根本不需要停课，你可以利用这些时间提高文化课成绩，考上理想的美院，我认为没太大问题。这样，你不仅能考上好大学，以后还能专门从事你热爱的艺术。”

她很高兴地点了点头。我说：“我没有带相机，如果你愿意，我下次带相机专门来拍摄你的美术作品和奖状，写篇文章发在咱们班博客上，让大家见识见识我们班的小才女！”她很羞涩地笑了。我离开时还不忘鼓励她：“你的升学路比一般同学更宽广，因为你多一种选择。既可以走跟其他同学一样的升学路，又可以走艺考路，你应该高兴才是。听老师的话，今后在教室里一定要让老师看到你更多的笑脸！”

从此之后，乙在教室里真的越来越多地露出了笑容，成绩也逐步有了起色。我也如约专程到她家拍摄她的作品和奖状并专门写了一篇博文进行推介。在博文中，我除了介绍她的才艺外，还对她今后的发展提出了希望和要求。她看了博文后很高兴，脸上露出更加灿烂的笑容。

而那个和她一起谈论过“怎样自杀”的甲，自从我与她谈话后，成绩虽进步不大，性格却开朗了许多，在我持续的关注和鼓励下，她的脸上也逐渐多了一些笑容。

中考录取结果揭晓，甲考入普通高中，接着去韩国就读，乙则到了本地最好的高中就读，她们的家长都很高兴。我就更不用说了，不仅为她们的中考成功感到高兴，更为她们能逐渐走出心理阴影变得乐观开朗而高兴，我认为这比考上理想高中更有意义。

作为班主任，我没能及早发现两名女生不良的心理倾向并采取帮助措施，这曾经使我感到很惭愧。所幸我及时进行了补救，因材施教，使她们重新看到了希望，展开了新生活，我为自己的付出感到欣慰！

>>> 毕研杰　山东省鄄城县温泉路第一中学

第五辑

告别焦虑，培养良好心态

我是“同性恋”吗

小倩来到心理咨询室的时候，满脸忧郁。她是高三学生，说自己最近学习老是不在状态，班主任建议她来寻求心理帮助。我请她坐下，递给她一杯水，让她谈谈自己的困惑，并给她介绍了心理咨询中的保密原则。

“老师，我最近老是担心自己是同性恋。我害怕极了，想到这个我什么事情都没法做了。不管上课还是做作业，我都会不由自主地走神去想自己会不会是同性恋。”小倩很无奈地说。

“那你能告诉我，你是从什么时候开始产生这样的想法的吗？”我关切地问道。

“是这学期第一次月考之后开始产生这样的想法的，那次我考得一塌糊涂。在这之前，就是上学期，一个男生告诉我，和我很要好的一个女生喜欢我。当时听了他的话之后，我只是笑笑，这怎么可能呢？根本就当笑话一样，没去管它。整个假期，我也没有去想这个事情。但是，上次月考后，我就一下子想起了那个男生的话。而且那个男生还说，那个女生有一个惊天的大秘密要告诉大家，不过是在高考结束之后。我猜想，那个秘密说不准就是我担心的这件事。我觉得我和她关系太好了，我很担心我以后变成同性恋。”小倩说完，脸上露出了焦虑不安的表情。

“你的意思是说，你这种担心是在这学期第一次月考之后才产生的？而且，上学期那个男生说一个女生喜欢你的时候，你并没有担心自己是同性恋。对吗？”

小倩点了点头。

她强调是在这学期第一次月考之后才开始担心这个问题，我初步分析，关于她自己是不是同性恋的焦虑也许并不是她真正的问题，学习压力大可能才是真正的原因。

于是，我追问道：“你觉得父母给你的压力大不大呢？”

没想到，听到这句话小倩的反应特别大。她说：“老师，我有个姐姐在北京一所三本大学念书，还有个妹妹在重庆一所名牌中学读高一，妹妹成绩特别优异。我爸妈就给我定了一个目标，那就是至少要考上一所三本院校。我觉得我至少要上二本院校——我妹妹是考清华、北大的料，我也不能太差啊。高一、高二的时候，我的成绩还可以，但上次月考我的成绩实在太糟糕了，凭这个成绩，我怎么去参加高考？别说二本院校，就是三本院校都悬得很。”说完，小倩埋下头，深深叹了口气。

然后，没等我说话，她又继续说道：“老师，高三下学期以来，我一直都很认真啊，每天都穿梭在教室、寝室、食堂之间，学习从来都不敢放松。我看到别人都在认真学习，我能不抓紧时间吗？但是，我搞不懂为啥老是事与愿违呢？我花了那么大的力气和那么多的时间，结果却考得那么差劲！”说完之后，小倩又低下头，一言不发。

听完小倩的叙述，我更加明确地判定，她真正的问题并不在于担忧自己会成为同性恋，而在于压力过大。她担心自己以后会成为同性恋，其实是想通过这种方式来缓解压力，寻求心理平衡和精神慰藉，减轻自责感。

这是第一次咨询。通过交流，我了解到小倩的一些具体情况，建立了较好的信任关系后，我们约好第二次咨询的时间。之后，我与她的班主任取得了联系，询问了她的一些要好的朋友，结果发现，她最近的学习状态的确很糟糕，学习压力过大。

第二次咨询的时候，针对已经了解到的情况，我采取了以下方法来帮助她解决心理问题。

第一，消除她毫无必要的担心。我告诉她一般同性恋的行为表现，然后让她思考：“你在与那名女生的相处中，有没有出现同性恋人之间才会出现的行为？”她说“没有”。然后，我继续让她想象，自己现在抱着一个女生开始进行更为亲密的行为，比如亲吻之类，并询问她的感想。她说：“恶心死了！我才不会做那样的事情。”通过这样的辅导，她渐渐认识到自己不可能是同性恋。

第二，让她认识到自己真正的问题。结合她的自我描述和我所了解到的关于她的一些信息，我告诉她，问题的关键在于她现在背负的压力太大。一方面，家庭给了她过大的压力，另一方面，她自己也给了自己较大的压力。尤其是上次月考失利，她无法面对这样的现实，转而通过这种略带强迫性的担心来获取内心的平衡，逃脱心理上的自责。听到我的分析后，她不住地点头，觉得自己的确压力很大。

第三，帮助她走出困境。我告诉她，高考是人生的十字路口，对于学生来说，十分重要，但并不是人生的唯一道路，我们尽力去准备就可以了。努力帮助她扭转“如果高考没考好，自己这一辈子就完蛋了”的不合理信念，同时引导她正确看待压力，要理解父母望女成凤的良苦用心，但也应该根据自己的实力来定目标，然后竭尽全力去实现，即使最后失败了也无怨无悔。我还提醒她要正确看待月考成绩，学会从考试中找到自己的问题，找到自己的不足之处，然后加以解决和弥补，从而在高考中发挥自己真实的水平。除此之外，我还建议她劳逸结合，挤出时间放松自我，多与好友交流，获得别人的理解和支持，获得一种积极的力量，让自己能信心十足地去备战高考。

最后，我告诉小倩，如果再出现类似不必要的担心，可以采取心理学上的“厌恶疗法”，就是在手腕上套一个橡皮筋，当担心自己会成为同性恋之类的想法出现时，就拉一下橡皮筋，以此来消除自己的不合理想法，让自己专注于备战高考。

一周后，小倩给我发信息，说她的问题得到了很好的缓解，现在正全力以赴地投入复习。对此，我由衷地感到高兴。

>>> 邓公明　重庆市铜梁中学心理咨询中心

告别考试焦虑，培养良好心态

期中考试的第一天晚上，小琪眼泪汪汪地走进我办公室，告诉我她想请假回家，放弃第二天的考试。事实上，小琪是班里的优等生，平时成绩与表现一向不错，美中不足的是心态不好。就在今天白天，她的妈妈还打电话告诉我，面对这次期中考试，小琪极为焦虑，总是担心自己考不出应有的水平，甚至有失眠现象，希望我在考试后能帮忙做做工作。

我想，如果答应小琪的请求让她回家，那么她的考试焦虑会越来越严重，甚至固化成一种模式，其直接后果就是她会越来越害怕考试，逃避考试，而且极不利于她心理的成熟。而人一生中，无论学业还是职场，大大小小的考试不计其数，每一次都是对心态的考验。作为她的班主任，我有责任帮助她走出考试焦虑的阴影。

一、倾诉苦闷，宣泄情绪

心理学强调，在心理辅导过程中，老师要在尊重、理解、同感的基础上，认同学生，引导他们倾诉心中的苦闷，宣泄心中的不满，让不良情绪尽情释放。于是，我首先选择了倾听。

“罗老师，我今天考得真是糟糕极了，考前复习时我明明准备得非常到位，可一到考场，所有的知识全都忘记了，头脑一片空白。语文是我的强项，但那么多客观题不会做，拿不准答案，到最后只能凭感觉胡乱选个答案。至于数学，哎，数学一直是我的弱项，以前每次考试不是计算错误，就是公式弄混……”

“看着你伤心的样子，老师心里也难受。我想起了我的读书时代。我记得那时考完后，觉得自己考得不好，心就怦怦跳，甚至都不敢和同学们走在一起，就怕听到他们讨论答案。”我在说话的同时，递给她一张纸巾，让她抹去脸上的泪水。

“是啊，罗老师，我也这样，一听到别人讨论的答案和我的不一致，就开始发慌。”听到小琪这样说，我在想：共情的力量很强大，不仅能够打开学生的心扉，拉近彼此的距离，还能帮助老师进一步了解事情的经过，有助于工作的开展。

“您不知道，我初中时成绩很好，当时班上所有同学都认为我一定能顺利考上纪念中学（本地最好的高中），可谁能想到我的中考成绩……当时班上平时成绩比我差的同学很多都考得很好。我整个暑假都把自己关在家里，不敢出去，害怕遇到同学，我觉得他们都在背后议论我……”

听到这番话，我终于明白了小琪为什么到了高中如此重视又如此害怕考试了。一方面，她想通过考试来证明自己的实力；另一方面，她又害怕之前的失利再次发生，于是陷入了这样的纠结之中。这反而给她增加了很大压力，造成考试焦虑，不利于考场发挥。

二、引导思考，澄清认知

学生通过倾诉来宣泄内心的情绪，状态会慢慢趋于平静，但这只是走出心理阴影的第一步。在此基础上，我们还需要再接再厉，鼓励学生做进一步的自我探究，帮助他们对自身不合理的信念进行辩驳，澄清不合理认知，建立正确的认知模式。事实上，小琪由于自我期待过高而造成压力过大，成就动机脱离了现实，导致学习成为一种负重的竞赛。不过，眼下应该重点帮助小琪正确看待今天考试的失利，毕竟中考失利的影响不是一朝一夕就能消除的。

“小琪，刚才听你倾诉，我一直有个问题想问你：你怎么判定自己今天的考试考得不好呢？”

“老师，我……我就是觉得不好。”

“为什么呢？”

“其实一开始做题还是挺顺的，做到后面的时候，我对现代文阅读中的两道选择题实在没有把握，眼看马上要交卷了，只能凭感觉选了答案涂上去。”我一开始还以为是作文没写或者其他大题没做，原来是因为两道 3 分的选择题。

“小琪，希望你能听听我对这件事情的分析。首先，你仅仅因为两道 3 分的选择题拿不定主意，就判定自己没考好。其次，到现在为止，我们都没有看到这份卷子的参考答案，你怎么能判定自己的答案就一定是错的呢？最后，如果今天感觉考试不顺利，我们唯有收拾心情，利用晚修时间把明天要考的科目好好复习一下，争取发挥最高水平。这样，即便今天考得不出色，那么总分上也不至于受到多大程度的影响……”

接着，我和她聊起了我学生时代所经历的高考故事。小琪陷入了沉思。

三、诗意沟通，走进心灵

学生需要成长，尤其是精神的成长；老师需要智慧地引导学生。老师要走进学生的心灵，把工作做到学生的心坎里。老师说的很多话都会影响学生的价值观念与实际行为。

之前和小琪的谈话只能从表层解决这次考试给她造成的困扰，但治标不治本，于是我决定趁热打铁。我对小琪说：“昨天再好，也走不回去；明天再难，也要抬脚继续。你不勇敢，没有人替你坚强……我们也可以不完美，甚至无法承诺每一件事情都做得那么成功，但我们可以做到的是不改初衷、坚定前行。”

“小琪，考试可以成功或者失败，但长大却真的不容易……”

小琪沉默了很长一段时间。

“罗老师，我不请假了，我回教室去好好复习。”看着小琪的背影，我深感安慰。

四、强化信念，朋辈帮助

我们总是引导学生在学习上多走一步，自身却忽视了在工作上多走一步。小琪的状态看起来已经好转，但实际上还有“复发”的可能，要想彻底解决问题，还得从病根——中考失利上想办法。

考试结束后，小琪的成绩果真不太理想。我在休息之余找她出来谈话，惊讶地发现她一直对着我微笑。

“罗老师，考试完，冷静分析一下，我觉得我可以考得更好。那天和您谈完话回去，我就投入复习之中，所以第二天考得还不错。至于第一天的考试，语文并没有想象中那么差，而数学还有好大的提分空间啊！”

“小琪，你能这样想，老师心里非常欣慰，我还想送你四个字——心想事成。我们在经历考试失败后，如果总是自我暗示——‘感觉不好，考得不顺’，那么我们就会重蹈覆辙，考不了高分的可能性就会很大，这不就‘心想事成’了吗？反过来，如果我们不停地自我暗示——‘虽然我这次没有考好，但我相信下次还有机会’，下次你成功了，这不就‘心想事成’了？事实上，正面的自我暗示起着很大的作用，你不妨试试。”我想用“心理暗示”的方法帮助她走出中考失利的阴影，小琪一边听，一边点头，谈话非常愉快。

一周后，我安排小琪和班里心态较好的学生坐在一起——教育中，老师的确起着重要的引导作用，但朋辈的力量也不可小觑。之后，小琪又经历了两次测验，不仅没有出现失眠等现象，成绩还有了一定程度的进步。

当学生处于考试焦虑之中时，认知功能会有所下降，我觉得班主任在处理过程中，与其不停地讲道理，不如从以下几个方面加以引导。首先，引导学生自我放松、自我宣泄，释放心里积压的不良情绪。其次，引导学生重建心理平衡机制，澄清不合理认知，同时在行为与思想上加以指导，帮助学生调整好状态。再次，利用朋辈的力量强化信念，多跟踪，多反馈，让学生走出误区。最后，还可以在班级层面利用班会等形式加强考试方法和心态指导，帮助学生形成良好心态，开启五彩人生。

>>> 罗诚　广东省中山市三乡镇小琅环路桂山中学

学生“小问题”背后的心理根源

案例描述

小灵最近很苦恼。每次换了新衣服时（并不一定是新买的，也可能是刚洗干净的），她就会特别在意别人的眼光。她担心，同学们会不会觉得她穿得很奇怪。例如，天气冷时，一名女生将毛衣自然地披在肩上御寒，小灵看见了就会想：“她怎么可以将毛衣披在肩上而不怕别人说呢？要是我的话，可能会一节课坐立不安！我为什么那么在意别人的眼光和看法呢？”这种念头时时困扰着她，以至于浪费了许多宝贵时间。

小灵也曾找到班主任，请求帮助。班主任很困惑：“这不是件小事情吗？高考那么重要，怎么老是想这种小事情？”于是班主任开导她，让她别太在意别人的眼光，同学们自己管自己都还来不及，哪有那么多精力去关注她？小灵尝试着暗示自己别想太多，不断地告诉自己这些想法很荒谬，但是无济于事。父母也不断地跟她说：“你管好自己的学习就行了，其他事情都先抛到一边。”但这种念头就像春天刚冒出来的小草，总是不知不觉又出现了。她不得不找到心理老师，希望老师能告诉她一个办法——“让我消灭掉这种不该有的想法。”

辅导过程

听完小灵的叙述，我并没有急着去解决问题，而是决定先将问题的根源弄清楚。通过询问，我发现小灵并非到高三才出现这个问题，高一、高二时，这个问题同样存在。但是，似乎直到最近，这个问题才开始给她造成困扰。我问她：“一直到高三你才觉得它是个问题，对于这一点，你怎么看待？”小灵想了想，说：“高三时间紧了，所以我需要抓紧每一分钟，但这个问题显然已经影响到我的学习了。”

我说：“既然这个问题如此困扰你，相信你一定找过不少解决办法，能说给老师听听吗？”听到这句话，她开始大倒苦水，将自己曾经用过的各种办法一一罗列，但令她沮丧的是，没有一种办法奏效。

在耐心倾听她的苦恼之后，我问：“如果让你做个估计，高一、高三这两个不同的阶段，你每个月分别花了多长时间来想这个问题？”小灵说：“高一时，每个月大约花两个小时在这个问题上，而高三时，每个月大约有十个小时被这个问题困扰。”

我继续引导：“看起来，你越是想要解决这个问题，这个问题越是困扰你。”“但是不能不解决呀。”小灵无奈地说。我问：“如果不解决会怎样？”“当然会浪费我的时间呀。”“那又怎样？”“高三时间那么紧，我为这些琐事浪费时间，那不影响高考吗？”“影响高考又会怎样呢？”“我可能会因此考砸！”我用关切的目光看着她，不再发问，此时小灵也沉默了。几秒钟过后，她恍然大悟：“好像真正影响我的是高考带来的压力！”

我故作不解：“怎么说呢？”聪明的小灵像发现了新大陆一般：“高一时，这个现象也存在，但是我一点儿也不在意，对学习也没什么影响。但到了高三，因为高考的压力，我似乎容不得自己半点儿放松。本来是芝麻绿豆般的小问题我却拿着放大镜不停地照啊照，结果，问题真的来了！”小灵真是个很有悟性的孩子，一点即通。接下来，我们探讨了如何面对高考压力，“过于在乎别人的眼光”的问题已经迎刃而解。

案例总结

细心的心理老师会发现，来咨询室的学生中，高三的学生往往占较大的比例。老师们会认为，高三学生咨询的应该大部分都是学习方面的困惑，但实际情况是，来访者常常纠结于生活上或人际关系中一些看起来无关紧要的问题，小灵就是一个典型。每个问题都有根源，就像一棵生病的树，问题的根源不同，治疗的方法就不同。假如是由缺乏养料导致叶片枯萎，打杀虫药就无法真正解决问题。

班主任在面对学生的问题时，也要善于寻根究源，而不是纠结于问题本身。高三学生为这些看起来很小的问题去寻求班主任的帮助，这本身也透露出一个信息："我现在压力很大，我需要理解与关怀。"即使班主任一时找不到问题的根源，能对学生的情绪给予真正理解，让学生感受到关怀与温暖，也能在一定程度上帮助学生缓解紧张情绪。但如果班主任不仅不理解，还训斥、批评学生："你怎么就不能像别人一样专心学习，脑子里老想这些乱七八糟的问题，这怎么能行呢？"学生就会体验到更多的挫败感，会感觉自己真的挺糟糕的，对自我的否定只会令问题恶化。

在帮助学生面对高考压力时，指导学生关照自己的内心是很重要的。许多学生面对高考，内心充满恐惧却不知道该怎么办，只会用暂时逃避或者压抑的方式去应对。教会学生放松的方法可以让学生有效地消除紧张。如在面对消极情绪时，学生可以采取以下三个步骤。①觉察自己的消极情绪（生气、郁闷、烦躁等）。②觉察自己内心的对话，但不要加以任何评判。③找到自己身体的感觉，也许是心脏部位很闷，也许是腹部或背部不舒服，也许是手脚或其他部位肌肉发紧，等等，观察它，允许它存在，全然地去经历它，慢慢地，这种感觉就会消失。与之相应的消极情绪也会烟消云散，取而代之的将会是平和与喜悦的感觉。如果每一位老师都能掌握这些技巧并运用它们来帮助学生，学生就能更从容地面对高考。

>>> 谢细妹　广西壮族自治区河池市河池高中

学习是为了谁

拉夫林（Raphling）在1996年提出“幻象形成或做白日梦”的心理防御机制，它是指个体有意识地想象一个忧愁或愉快的情景，并且知道那是一个幻想。这可能会满足一些愿望，把个体从痛苦的现实中带走，或者减少愧疚感。高一女生小梅在面临学习压力时，也启动了“幻象形成或做白日梦”的心理防御机制。

案例描述

小梅，16岁，独生女。生日那天，父亲送给她一个大蛋糕，同宿舍的女孩都为她庆祝。在一片祝福声中，小梅却流下了眼泪。她们以为小梅是因为幸福才流泪的，只有小梅知道自己流泪是因为悲伤和愧疚。

原来，这个蛋糕是小梅的祖父母买的。老两口是农民，他们的收入来源，除了靠种蔬菜卖钱，就是每月250元的养老金。所以，他们珍惜每一分钱，不会轻易花钱，然而，他们却很舍得在小梅身上花钱：每年都会买生日蛋糕给小梅；每逢小梅去看望他们，他们都会做一桌好菜。这看似平常的隔代之爱，其实并不平常。小梅3岁时，父母外出打工，把她交给祖父母照顾。虽然一年半后，父母把小梅接到了身边，但在那段时间里，祖孙之间建立了非常深厚的感情，此后，小梅更是把他们当作生命中最重要的人。

因为这份深厚的感情，小梅便把好好学习当成报答祖父母的方式。小梅说自己在初中时，几乎不需要过多努力就能考出很好的成绩，而且一直位居前五名。优异的学习成绩让她觉得自己很好地报答了祖父母。可是自去年九月上了高中后，小梅在三次重要考试中都没有获得理想的成绩，这让她非常焦虑。

辅导过程

“我不知道为什么会这样，我已经很努力地学习了，可成绩总是上不来。我觉得特别愧对我的爷爷奶奶。孙老师，我现在每天都在担心他们会在我不在家的时候死掉。他们要是死了，我就没办法继续努力学习了，我也无法再待在学校里了。”说到这里，小梅越发哽咽，泪水止不住地流下来。

我能理解小梅对祖父母的感情，可是我有点儿不能理解祖父母的生命状态与她能不能待在学校之间的关系：“如果他们去世了，你就必须离开学校吗？你准备到哪里去？”小梅点点头，回答说：“待在家里。”“待在家里干什么？”“抱着他们的照片，每天和他们在一起。”“不上学了吗？”“不上了，没有爷爷奶奶，努力学习还有什么意义！”说完这些，小梅长长地叹了一口气。

祖父母是小梅心灵成长的依靠和生命活动最重要的动力来源。同时，学习是小梅主要的任务，也是她获得成就感和价值感最主要的途径。于是，小梅很自然地以学习成绩来回报祖父母。初中时，由于成绩优异，她无须担心不能回报祖父母；进入高中后，不理想的成绩不仅影响了她的自我价值评估，更让她感觉到回报祖父母的希望渺茫。小梅的内心是痛苦的，虽然外在表现上并不颓废，继续以努力的姿态去应对学习上遇到的困难，然而这个姿态是现时的她不能承担的，所以自动产生了以“幻象形成或做白日梦”为主要表现的心理防御。祖父母的死，便是小梅为缓解自身压力而幻想出来的解决方法。在她的幻想里，她不仅预想了祖父母的死，还为自己设计了情绪、行为。

在小梅的幻想里，祖父母的死可以帮她逃离现实的学习压力，但是小梅有没有意识到这层内在关系呢？我还不确定。于是，我试探性地问小梅，是不是学习压力已大到无法承受？小梅未置可否。这让我感觉到她内心充满了纠结与挣扎。“我只是感觉压力太大了，我不知道该怎么办……”

小梅呜呜地哭了起来，压抑的情绪终于爆发出来了。大声哭泣了一会儿后，她的声音越来越小，直至彻底安静。

“老师能理解你对爷爷奶奶的感情，也知道你是真心希望他们好，但如果把担心换成祝福，你觉得会不会更好一点儿？”“或许会更好一点儿，可是我真的太害怕他们离开我。”

“越害怕，便越担心。当你过分担心他们的时候，你想到的全都是不好的事情。这不是对他们的祝福，而是对他们的伤害。”当我说出这些话时，小梅惊呆了：“老师，担心不是爱和关心的表现吗？怎么成了伤害呢？”

我继续说：“好事是大家乐见其成的，只有不好的事，才会去担心、注意。你想想，你担心的是好事还是不好的事？”

“哦，是不好的事。我怕他们离开人世，怕自己没有依靠，怕成绩不好，怕没有学习的动力。”讲到这里，小梅突然自责起来：“我对爷爷奶奶真是太不敬了，他们对我这么好，我真不该这样。”

“你不必过多责备自己。他们都是七十多岁的老人，已到了人生的暮年，死亡是不可避免的自然规律。可是，小梅，你有没有注意到，你学习不是为了自己，而是为了你的爷爷奶奶？”

我正要继续说下去，小梅插了一句：“这有什么问题吗？”

“问题就在这里，当你为自己学的时候，你是学习的主人。因为你知道学习对你个人成长的意义，所以即使是遇到了考不好的状况，也能较好地处理。但是，现在你学习是为了回报你的爷爷奶奶，一旦考试成绩不好，你的心理上便会产生强烈的挫败感。”

“老师，难道我担心爷爷奶奶死掉，也是挫败感在起作用？”

“爷爷奶奶是你学习的外部动机，并且是你主要的动力来源。如果外部动机成了一个人做事的全部动力，且这件事做得又不是很成功的话，就很容易导致这个人情绪不稳定，并对学习、生活、工作失去信心……”

“是啊，长久以来，我认真学习都是为了回报爷爷奶奶。我越希望回报爷爷奶奶，我的压力就越大，这压力让我难以承受。老师，我突然觉得我内心深处是希望他们死的，那样我就可以离开学校，不用承受学习的压力了。”

“你的反思非常深刻，超出了孙老师的预料。其实，这就是你的心结。接下来，你要做的就是打开这个心结。那么，你以后准备怎么做呢？”

“一是要明确学习是为了自己；二是不再胡乱担心，真心祝福爷爷奶奶健康长寿。”小梅回答我。我点头，表示赞同。

咨询结束时，小梅感谢我给她打开了思考问题的新角度。

案例总结

“幻象形成或做白日梦”的心理防御，是小梅外显的解决问题的措施，而更深层的原因，是她对高中学习的失控。在初中时，小梅学习成绩优异，即使是玩多过学，她也能应对自如。这种应对自如源于她掌控了学习，因此她对个人价值和学习能力的判断也是积极的。但是到了高中后，由于学习环境、学习内容等发生了变化（小梅所在的学校是一所生源非常好的学校），小梅遇到了始料未及的状况——她丧失了学习上的优势，这不仅使她在学习中处于不利的位置，还让她对自己的价值产生了怀疑，更导致她信心不再。而最让她不能接受的是，她不能以好成绩来回报祖父母了。倘若小梅进入高中后每次考试都能获得优异成绩，她就不会产生焦虑，也不会像现在这样，对祖父母产生强烈的愧疚心理，更不会启动幻想祖父母死亡的心理防御机制。

在高中阶段，像小梅这样对学业失去控制的学生不少。他们的共同特征是，在初中阶段学习成绩都比较优异，对自己非常有信心，对高中学习的预估过于乐观，对可能遇到的困难估计不足。所以，一旦在高中学习中处于失利位置，就特别容易失去信心，严重的甚至自暴自弃。

此种状况在高一新生中表现得特别明显。我就接到多个家长的电话，他们反映自己的孩子以前成绩很好，现在不好了，该怎么办？当家长建议孩子单独和我面谈时，孩子往往都拒绝——让孩子和一个陌生的老师倾心交流，并不是一件容易的事，所以，我只能通过班主任了解他们的状况，或者通过书信与他们进行交流。由于对我职业身份的敏感，以及他们对心理咨询还没有正确的认识，一般情况下，这样的交流都是单向的，效果也难以评估。

因此，对这些在学习上丧失控制权的学生，老师们要给予特别的关注：帮助他们客观分析形势，重塑对自己的信心，以踏实的态度来面对高中学习。其实，他们也并不希望自己出现这样的情况，他们也知道需要去努力。只是目前的困难是他们暂时克服不了的，而我们需要做的是以同理心感受，以耐心等待，以信任引导，以积极的期待祝福。

每一朵花都会开放，只是时间不同而已。

>>> 孙开霞　江苏省大港中学

对学生考试焦虑的分析与指导

案例描述

彤彤，初三学生，马上要中考，可她的状态非常不好。模拟考试临近，她经常感到胃痛、头痛，吃不下饭。据家长反映，这种情况以前虽然也出现过，但没有这么严重。据孩子自己说，在考试过程中她经常出现“卡壳”现象，本来会做的题目突然不会了，大脑一片空白，什么都记不起来，需要过好长一段时间才有所缓解。对此孩子和家长都很着急，可又不知道什么原因。

分析诊断

这个学生的症状是典型的“考试焦虑”。

考试焦虑是指在考试前出现的焦虑反应行为，它是由学生过于担心考试成绩所产生的压力或紧张情绪引发的一种心理障碍。考试焦虑主要表现为临近考试或考试期间出现过分担心、紧张、不安、恐惧等情绪障碍。有的学生不仅表现为注意力分散、思维迟钝、记忆困难等，生理上也伴有紧张发抖、四肢无力、手脚麻木、头痛、胃痛、失眠、呼吸困难、呕吐、腹泻等症状。

考试焦虑是一种复合性情绪状态，包括焦虑反应、过度焦虑和焦虑症等三个由轻到重的层次。绝大多数考生在临考前都有一定程度的紧张或焦虑，它属于焦虑反应，是正常现象，因为适当的焦虑有利于学生水平的发挥。但过强的动机则会引起对考试的过度焦虑和紧张，这种考试焦虑会干扰学生的考试水平，对学生身心健康造成消极影响，其实质是情绪障碍。

教育心理学研究发现，焦虑水平与工作效率之间呈倒U字形关系。适当的焦虑有利于唤起大脑皮层的兴奋，让人更能集中注意力，活跃思维。而随着焦虑水平的提高，心理压力会越来越大，导致情绪紧张，注意力不能集中，记忆力下降，学习效率降低，甚至能通过反馈强化，不断提高焦虑程度，使学生产生较强的自卑感，降低学习兴趣和学习动机，形成恶性循环。

考试焦虑的内因主要有个体把考试的成败看得太重，对考试感到没把握，平时缺乏良好的学习习惯和方法，缺乏应试经验，有重大考试失败的经历，等等。外因主要有来自家长的压力，来自学校的压力，考试本身的性质或重要程度，同学竞争的压力，等等。

心理导航

教师可以给学生提供以下应考建议。

一、以平常心对待考试

考试只是一种检测手段，由于学习内容和考试内容总是存在差异，考试中出现失误是正常的。要正确对待考试中的失误，不要太在意分数。最重要的就是放下考试“目标”，即多注意过程，少注意结果。对考前焦虑采取“顺其自然”的态度——接受自己的焦虑情绪，即对焦虑不关注、不苦恼、不抵抗。

要学会正确评价自己，不要过分在意别人对自己的评价。有些学生总担心别人说自己不行，疑心别人瞧不起自己，其实，这也是一种心理障碍。据心理学家调查，在中学阶段，同学间互相瞧不起的只占极小的比例，大多数是自己疑心造成的。因此要多看自己的长处和优势，多看自己学习中的进步和成功，学会欣赏、享受自己曾经有过的成功。

二、客观评价自己，降低期望值，合理安排学习时间

面对考试，很多学生倾向于低估自己的能力，而对考试困难程度的评估却很高。这时，要认清自己的优势在哪里，擅长的学科是什么，对知识点的掌握到了哪种水平，自己在考试中哪些地方比较容易出错，从而对自己有个客观的认识。同时，对自己的期望值不能太高，以对自己构成适度压力又不至于引起强烈的情绪反应为最佳点。然后，合理安排学习时间，做到有张有弛。

三、善于调节自己，放松心情，缓解考试压力

挫折、压力、疲劳、紧张或烦恼会使人心情不好，心情不好反过来又影响心理。要防止焦虑心理出现，必须学会调节自己的心境，使自己经常处于愉快、舒坦、恬静的心境之中。简单的方法有以下几种。

1. 音乐调节法

在学习感到疲劳或遇到困难时听听音乐，轻松欢快的歌曲可以使人心境舒畅，感到轻松。

2. 活动调节法

当我们心境不好时，不要强迫自己去看书学习或做作业，可以到室外进行一些体育活动，跑跑跳跳、打打球或做做操，放松一下自己。

3. 睡眠调节法

学习疲倦或紧张时，不妨到床上或趴在桌上睡一会儿，让大脑放松一下，可以恢复体力和改善心境。

4. 深呼吸法

闭上双眼，用腹式呼吸法慢慢进行呼吸。吸气时，想象着丹田中的这股气由腹部逐渐上升到脑部，直到头顶“百会”处；吐气时，想象这股气由“百会”处向下顺着脖子、脊梁下降，直至回到丹田。这样一吸一呼，反复进行。

5. 放松训练法

松开所有的紧身衣物，轻松地坐在椅子上，双臂平放于双腿上，头与上身轻轻后靠。整个放松训练按照由上至下的原则，按照头部肌肉—颈部肌肉—背部肌肉—腹部肌肉—臀部肌肉—大腿肌肉—小腿肌肉—脚趾肌肉的次序放松。先使该部位肌肉紧张，保持紧张状态 10 秒钟，然后慢慢放松，注意体验放松时的感觉，如发热、沉重、温暖、愉快等。每次放松时间为 15～20 分钟。[①]

四、适当地进行一些心理训练

可以在考前或考试中进行一些心理训练。

1. 模拟考场想象训练

可在教室里学习的间隙，感觉累的时候或者需要休息的时候，闭上眼睛，想象一下自己怎样去考场，怎样走进考场，自己的位置也许是哪一个，自己拿到试卷以后以怎样愉快的心情去答题。也可以在晚上睡觉之前想象。这种方法能激发学生的自信心，对降低考试焦虑能起到一定的作用。

---

① 张颉. 考试引发焦虑情绪的咨询案例 [J]. 社会心理科学，2007(22).

2. 暗示训练

缺乏自信是考试焦虑产生的一个重要原因，所以在考试前应暗示自己有信心、有能力，相信自己可以考好。如每天用第一人称对自己说："我已经做好准备了，我能行，考试真好。"

3. 系统脱敏法

系统脱敏法又称交互抑制法。适用于考试焦虑比较严重的学生，需在心理老师的指导下进行。系统脱敏法的程序是逐渐加大刺激的程度。当某个刺激不会再引起学生的焦虑反应时，老师便可向处于放松状态的学生呈现另一个比前一刺激略强一点儿的刺激。如果一个刺激所引起的焦虑状态在学生所能忍受的范围之内，经过多次反复呈现，他便不再会对该刺激感到焦虑，治疗目标也就达到了。它包括三个步骤。一是建立焦虑等级层。这一步包含两项内容：找出所有使学生感到焦虑的事件；将学生报告出的焦虑事件按程度由低到高的顺序排列。二是放松训练。放松训练以达到全身肌肉能够迅速进入松弛状态为合格。三是系统脱敏练习，包括放松、想象脱敏训练、实地适应训练等。①

教师可以给家长提供以下建议。

一、放低标准，给孩子减压

家长不要总盯住分数不放，要重过程而不要重结果；要从长计议，不要把目光锁定在眼前，只要孩子尽力了，就要理解和宽容；期望值不要太高，不要追求完美。另外，家长要淡化自己的分数观，多关注孩子的心理健康。更不能拿孩子与其他人对比，以免伤害孩子的自尊。

---

① 何玉信，提恩岗. 学生考试焦虑脱敏训练一例 [J]. 教育实践与研究，2004(4).

二、多赞扬，少批评指责

孩子其实是很脆弱的，谁也不喜欢总是受家长数落、指责。孩子往往是越表扬越上进，越批评越下滑。生活中，家长要多发现孩子的闪光点，让孩子体验成功，提升自信。

>>> 杨倩　辽宁省锦州市教师进修学院

用苏格拉底式提问化解学生的考试焦虑

案例描述

小圆同学，高一、高二时学习成绩一直排在全班第一，但进入高三后，几次月考的成绩很不稳定。原因是，她家的经济条件不是很好，所以她把高考看成了改变命运的唯一机会，特别想考出好成绩，从而考上理想的大学。背负着这样的包袱，她一到考试就特别紧张、焦虑，这反而影响了她的成绩，也影响了她的信心。而成绩不稳定又进一步加剧了她的焦虑与紧张感。

班主任和其他老师多次找她谈话，告诉她在考试中进步或退步都是正常的，要调整好自己的心态，但都毫无效果。针对她的情况，我决定用苏格拉底式提问来帮助她解决问题，重点是消除她没有事实依据的不自信，缓解她的焦虑情绪，增强她的信心。

苏格拉底式提问来自古希腊著名哲学家、教育家苏格拉底的教育方法。苏格拉底经常用“对话”（提问）的方式与人交流，但不把结论直接教给对方，而是指出问题所在，并一步步引导对方最后得出正确的结论。这种方法被后人称为苏格拉底法（或称“产婆术”）。

辅导过程

我从七个维度对她提问。

一、正视问题

我：小圆，你能描述一下你现在遇到的问题和苦恼吗？

小圆：我非常担忧我的成绩，害怕考不好，特别是高考考不好。

我：这种状态是从什么时候开始的？

小圆：进入高三后，我的考试成绩很不稳定，我感觉自己很无能。

我：你产生了怎样的负面想法，或者说产生了怎样的不利于你学习的想法？你在多大程度上相信它？

小圆：我觉得自己很没用，感觉自己会考不好，不是很自信。相信的程度大概是80%。

我：当你有这样的想法时，你的情绪体验是怎样的？感觉强烈吗？

小圆：感觉很伤心、恐惧，害怕自己的努力白费。这种感觉非常强烈。

二、寻找证据

我：你有什么证据可以证明这种负面想法符合真实情况呢？

小圆：（犹豫）证据，一下子还不好说，也许没有真正的证据吧。

我：那有什么证据可以反驳这种负面想法吗？

小圆：（想了一下）虽然现在成绩不稳定，但是我高一、高二时成绩一直排在全班第一。

我：你产生这样的负面想法，还有什么其他原因吗？

小圆：好像没有。总之，对自己不是很满意吧。

三、去灾难化

焦虑情绪导致她认为目前的问题会带来灾难性的后果，即倾向于把结果想象得非常糟糕。我需要帮助她消除这种想法。

我：可能出现的最糟糕的结果是什么？你可以接受它吗？你会如何应对它？

小圆：最糟糕的结果也许是考试发挥不好，考不上心目中理想的大学；但是就算真的考不上理想的大学，也可以考上其他大学吧。如果这种糟糕的结果真的出现了，我就会面对它，然后选择报考其他大学。

我：可能出现的最好的结果是什么？

小圆：最好的结果，就是正常发挥，考上理想的大学。

我：哪种结果可能性更大？

小圆：最可能的结果，就是调整好心态，正常发挥，考上理想的大学。

四、成本效益分析

我：你认为你现在的负面想法会带来什么样的正面和负面结果呢？

小圆：这样的负面想法只会给自己带来负面结果吧。它会导致我信心不足，学习效率不高。如果非要说有什么正面作用的话，可能就是提醒自己需要调整心态。

我：如果改变你的负面想法，可能会带来什么样的正面和负面结果？

小圆：如果负面想法与担忧没有了，我的状态会变好，学习效率会得到提高。负面结果应该没有吧。

五、解决问题

我：面对目前这种情形，你应该做什么？

小圆：及时抛弃这种负面想法，不断增强自己的信心。

我：如果你的朋友面临相同的情形，你会对他说些什么？

小圆：我会建议他及时抛弃这种负面想法，相信自己，相信自己的努力。

六、认知扭曲与理性反应

我：在你的负面想法中，有可能出现什么样的认知扭曲？

小圆：把其实没有那么糟糕的事情想象得太糟糕，从而引发很多无端的担忧与恐惧，进而影响自己的状态，导致我觉得自己很无能、很没用。

我：你能想到的更理性的反应是什么？你在多大程度上相信它？

小圆：相信自己，提醒自己放松与冷静，自信地去面对学习与考试。我相信它很有用，相信的程度大概是 90%。

七、重新评估信念与情绪

我：现在请你重新评估一下你对这种负面想法的相信程度。

小圆：现在不怎么相信它了，程度差不多 20% 吧。

我：现在你的情绪是怎样的？

小圆：现在感觉没必要恐惧或担忧，也没必要认为结果一定很糟糕，只要自信地去面对就可以了。虽然高三学习很紧张，但也没必要认为自己无法应对或觉得自己很无能。总之，现在感觉自己能轻松面对。

我：接下来你将要做什么呢？

小圆：调整好自己的状态，找回放松、自信的感觉；一切从积极的方面去想，相信明天一定会更好；也要合理地安排学习与生活，劳逸结合。

我的提问结束后，她的焦虑程度下降了很多，积极情绪被调动起来了，自信心也有所增强。其间，我没有进行所谓的教育与指导，只是通过提问让她在寻找答案的过程中进行自我分析、自我定位、自我教育。通过这样的提问，帮助她理清情绪、看清问题，进而提升自信心，给自己正能量。但是，高三毕竟是紧张、有压力的，她的焦虑情绪还会复发，所以我教她坚持每周都以同样的方式对自己进行提问，尤其是感觉心理能量不足或非常焦虑、恐惧时。

小圆的变化

一段时间后，小圆的焦虑程度明显下降，学习状态好了许多，成绩稳定了，也更加自信了。看到她的变化，我很高兴，同时也越发意识到合理的引导方法真的很重要。我引导她定期对自己进行苏格拉底式提问，达到了比较好的效果，使她可以更理性地看待自己和处理情绪。

高考前一个月，我还教给她一些放松的技巧——呼吸放松、渐进式肌肉放松、想象放松，从而帮助她缓解焦虑情绪，保持良好的心态，冷静面对学习与考试。在高考中，小圆发挥出正常水平，考上了理想的大学。成绩公布后，她非常高兴地向我表示感谢。

案例总结

我能成功地帮助小圆解决考试焦虑问题，主要有以下几个原因：①用苏格拉底式提问帮助小圆消除了负面情绪和灾难化想法；②通过提问，引导她自己发现问题，进行合理的自我分析，看到自己积极的一面，进而找回信心；③为了防止复发，我引导她自己进行苏格拉底式提问，教给她缓解焦虑的方法，使她能主动应对负面情绪，有效进行情绪管理；④小圆自己的努力与自我认知是关键，她心中有目标，想要解决问题，考上理想的大学，这些都是积极的因素；⑤高考前一个月，我教给她放松的技巧，帮助她提高了自主应对焦虑的能力。

>>> 王太兵　浙江省嵊州市黄泽中学

厌学背后的情绪障碍

案例描述

今年我担任初二年级某班班主任。开学第三天的第一节是我的数学课。上课铃响几分钟后，我发现一名女生背着书包，低着头，站在我班教室后门外，却没有进教室。我走过去，问她怎么了，她没有回答，只是低着头。我想她大概是因为迟到而害怕，便说："迟到不要紧的，赶快进去吧。"她还是没反应。我觉得奇怪，却没有表露出来，只是轻言安慰道："如果有什么事，相信老师，可以跟老师说说。"她还是静默。虽然她低着头，但我还是瞥见她的眼神里满是忧郁。

这是我第一次与 A 打交道。此后我发现她的情况远不止如此，刚开学就三天两头不来上学；有时上午妈妈陪着来，下午又要请假；心理脆弱，说不得，一说就眼泪簌簌；只要稍微批评一下，她就一周不来上课。

我决定帮助她，于是通过家访了解她的家庭情况，并与老师、学生多次交流 A 的过去。通过调查才知 A 小学时活泼开朗，成绩中上，还担任过中心小学的广播员；那时她在家里也讨人喜欢，能大方地招呼同学和客人。初一上学期表现尚可，下学期就变得不爱读书了。

问题诊断

A 的情况看似"厌学"，因为她不爱读书不是智力障碍所引起的，且厌学的情绪和行为已经很严重，但这些又不符合学习障碍的基本类型——学习落后、动机不强、不守纪律等；况且厌学一般有一个较长且反复的过程，不可能在一学期里突然表现得如此强烈，所以，可基本确定"厌学"

只是 A 某种心理问题的外在表现，而不是真正原因。

人的心理和性格有相对稳定的区间，而 A 在校和在家常出现激烈的抵触情绪，这是不正常的。经过反复查阅资料，分析情况，我发现她的表现非常符合“情绪障碍”的几个特征：①在正常情况下或现实情境消失后，不良情绪会继续；②持续地、长时间地（不是几天）表现出苦闷、沮丧的情绪；③衍生出与个人或学校问题有关的、因植物神经功能紊乱而导致的躯体症状（A 会莫名地肚子疼甚至歇斯底里地狂叫），对学习和生活产生了不利的影响。因此，我判断，A 表面上是厌学，实际上是出现了情绪障碍。

原因剖析

原本开朗的 A，为何变得如此忧郁，且情绪如此过激呢？经过仔细调查、了解，我大致厘清了造成她情绪障碍的原因。

家庭因素

父母很忙，无暇关注女儿青春期的变化。平时不仅忽略了正常的关心和沟通，而且有时不顾情绪反常的 A 心理脆弱，采取简单粗暴的专制手段，以致后来 A 对他们的说教充耳不闻。父母意识到问题严重后，忧心忡忡却又无能为力。

班级因素

原班级缺少积极向上的氛围。对待情绪不稳的学生，老师缺乏耐心和坚持，更多的是不满和指责；同学也很少关心她，反而常常对她冷嘲热讽。个别品行不良的男生，以污言秽语打击 A，致使 A 心灵大受伤害。意志薄弱的 A 的过激反应，又招致更多同学的注意，她便逐渐成了集体冷落和歧视的对象。无法承受这一切的 A 开始迟到、请假，常在要上学时莫名其妙地肚子疼或者嗜睡，闹钟都叫不醒她。但只要不在校，她的身体就没问题。有人认为A在“装可怜”，其实她是潜意识里害怕同学，害怕班级，害怕上学。

个性因素

小学时还自我感觉良好的A有较强的自我意识，处于青春期的她遇事会偏激地维护自己的自尊，但又无法应对同学的打击。没有人关心她的心理感受，得不到任何人的帮助和安慰，敏感而又脆弱的她开始偏激地强调自己内在的主观情感，而心中无法倾吐的诸多不满和不快一直压抑在心底……于是，她原本开朗的脸上写满忧郁，日渐孤僻甚至偏执，有时只能靠歇斯底里的尖叫来发泄，或者长时间泡在网上，只为博取陌生人的一点儿关爱。

辅导方案

这是青春期学生因人际交往而出现情绪障碍的一个案例。人本主义心理学家罗杰斯（Rogers）认为，只要有合适的土壤，每个人都有自我成长的潜能。对一个面临适应困难的个体来说，教师如果能够创造一种氛围，让她感到安全与被接纳，就能够帮助她充分地暴露自己，从而自己看清自己的真相，并解决自己的问题。

因此，我为A制订了个性化的辅导方案。我的辅导方向是：以倾听、理解、共情为基本条件，围绕营造和睦、团结、向上的班级氛围，指导家庭教育，树立值得信赖的老师形象，指点人际交往技巧四个方面，拟定了以减少情绪刺激疗法、合理疏导情绪疗法和自我认知管理情绪疗法等为主的辅导方案，旨在通过直接引发情绪的改变和情感改变，促使其改变行为，进而改变心境。

当然，解决任何一种心理问题都不可能一蹴而就，因此，我将分步实现辅导目标。近期目标是用减少情绪刺激疗法帮A摒弃恐惧情绪，消除与不文明同学相关的情绪困扰；运用合理疏导情绪疗法帮A宣泄情绪，建立对老师和班级的积极肯定情绪。中期目标是运用认知行为疗法纠正A的错误人际观念，并引导A自我管理，培养积极乐观、理性的思维方式，最终让A能悦纳自己，合理控制情绪，勇敢地抬起头前行。

辅导过程

一、家校联合，消除情绪刺激

1. 目标暖人心

我在全班同学面前将自己的班级管理规划开诚布公，确立了我们的班级理念：班级不仅是学生腾飞的平台，也是温暖的家。管理的具体目标是：培养良好的班风，成为最有凝聚力的班集体。为此，我以“志”为中心主题美化班级；以“品性”为纲推行“重塑自我”活动；开展净化心灵的“生命因阅读而精彩”读书月……积极营造和睦、团结、向上的班风。

2. 班干部传、帮、带

通过一段时间的观察，我挑选了一批乐于奉献、敢想敢管，成绩却未必出色的学生做班干部。习惯委员专项负责个人文明，宣传委员负责宣传班级新风，团支书负责谈心谈话，沟通你我……对班级言行不文明的学生提出严肃的批评，并设专人负责帮助A。班干部以身作则，起模范带头作用，就能引领班级成为一个有凝聚力的班集体，有效遏制恶习的扩散并抵御歪风邪气的入侵。

3. 家长多配合

我还多次家访，告诉家长人比成绩重要，建议他们对A暂不提学业；

最重要的是帮助 A 调整心态，振作精神；委婉地指出要多关心她，少些苛求和指责，多点儿沟通和谈心，多些鼓励和表扬；建议他们改变自己的教育观，把子女的思想、精神需求放在第一，不要用物质、金钱代替关怀……只有把家庭变成爱的港湾，才能使 A 的情绪得到舒缓，才能抚慰情绪刺激给她带来的心灵伤痛。

二、细致耐心，引导情绪宣泄

1. 用真诚和善意照亮心灵

真诚和善意是照亮学生心灵的阳光。当我熟悉 A 的具体情况后，当即采取“降低要求”的特别措施：①征求学校同意，区别对待 A 的迟到、早退等；②如果 A 不能来上学，只需当天及时打一个电话告知我；③与任课老师交流，希望“网开一面”，不对 A 提与其他同学相同的要求；④和班干部、课代表商量，不因她旷课、迟到或不做作业等去批评、催促她。

我的努力有了一点儿效果。有一次，她突然跑到我办公室哭了起来，我认真地倾听她的“诉说”，不断给她递纸巾，终于弄明白，原来是几个同学的话让她受不了。我当即问她班里和谁关系最好，她犹豫半天才说出两个名字。我立刻把那两个同学叫来了解情况，当天就更换了 A 的座位，两位好朋友分别坐在她旁边和身后，对她进行“保驾护航”。

有一天，A 居然早来了，蹦蹦跳跳来到我办公室门前。我由衷地夸她来得早，她的眼睛里闪过一丝亮光。至此，A 已经接纳并认可了我，渐渐打开了心门，她的喜悦使我相信她原本是一个开朗的孩子，只不过是短期内所受挫折较大而已。

2. 用宽容和耐心抚慰心灵

宽容和耐心，是爱的别名。有一段时间，A 三天两头往我办公室跑，或者站在办公室门口，不断朝我这边看。有时进来说一件小事，说着说着，眼泪鼻涕就下来了，一哭就是一节课。我安慰她："以后别人欺负你，要告诉我。"她说："老师，以前他们老是说我，现在好多了。不过还有几个会轻声说我'太C了'（C，丑的拼音首字母）。"我坚定地回答："下课后我马上处理。"

后来A肚子不痛了，也愿意来上学了。当然她还会迟到，但她会先打电话说一个理由，我也不多问，有时劝她不要急，来时路上注意安全。

3. 用细腻与坚持感动心灵

受过伤的心是脆弱而敏感的。幼苗需要"润物细无声"的春雨，我关注着A的情绪波动，却不敢过多干预，怕她敏感，怕她有依赖性。每次收到A的邮件，我都字斟句酌地回应；发现她细微的变化，我坚持传达着我的关爱：一个鼓励的眼神，一句关切的问候，一抹灿烂的微笑……

面对她的反复，我一直坚持着，坚持发现她的优点，发现她与众不同的地方；坚持相信她，把赞美留给她，让她在赞美中继续发扬自己的优点和长处。我希望以此使她在精神上得到解脱，渐渐帮助其摆脱恶劣心境，强化其战胜自我的勇气。

一个月下来，渐趋安全的环境使A的心境慢慢变得平和，我的赞扬增强了她的自信，她的眼睛有神采了。

三、指点交往，控制情绪冲动

班级个别学生还会打击A，A也会暗自抵抗，不知不觉中故态复萌。

有一天，我趁着她心情大好，与她交流人际交往的一些基本道理。

"知道为什么同学老是说你吗？"

"他们看不起我，说我长得丑。"

"有几个同学确实太无礼，不懂尊重他人。你很在乎他们的看法吗？"

A摇摇头。

"知道吗？你情绪过激的表现，恰恰是这几个不尊重你的人想要的结果。我们每个人都会被人品评，当别人不尊重你时，你是什么感受？”

“我……我很生气！”

“那怎么做才是最好的呢？能不能先离开？或者找老师？还是像以前那样毫无意义地继续争辩？”

“哦，要学会转身，对吗？”

“对，你真聪明！下次试试！”

除了这种交流之外，我还注意借突发事件引导她进行换位思考。有一晚7时左右，我趁着周末想巩固心育成果，便来到A家，A出门玩去了。她妈妈打电话把她叫回来后，她不仅不与我打招呼，还气呼呼地嘀咕了十分钟，不情不愿地站在那里，看也不看我一眼。她妈妈一脸愁容，也不知该怎么办。

我很严肃地说：“老师没有事先打个电话，不清楚你晚上的安排，打扰你了。但是如果你因为这个不理老师，给老师脸色看，你认为这样做对吗？你只想到了自己的安排，有没有想过老师？我是为了谁才花费这么多时间跑到你家来的？你是不是只想到了自己，只想到了自己外出的计划，你为别人想过吗？”说完，我就离开了她家。

第二天，她妈妈带着她找到了我。A向我道歉，表示以前从来没有站在别人的角度思考过，我昨天说的话她会一直记在心里。后来，我还特地与A长谈，让她明确换位思考的重要性。我告诉她，只有学会换位思考，才能正确看待自己与别人，才能开心幸福。

辅导效果

又一个月过去了，A和要好的同学一起帮助班级出黑板报，课后还与几个女生谈笑风生。

过去孤独的她现在周围出现了许多同学，她们同进同出，有时还相约去家里玩。女同学反映：“以前也觉得她挺可怜，想帮她，但她的样子不讨人喜欢。现在，她也愿意与我们打交道了，其实她还挺大方的。”班级极个别男生也很少说她了：“以前看到她就想说，现在她也不回应我们了，我们也觉得再那样做没意思。”任课老师也高兴地说：“A 居然按时来校了，我的作业她也交上来了。你还真有办法。”

A 在班里找到了自己的角色和价值，开始合群了！她妈妈打电话说自己现在也很开心，因为 A 能坐下来和她开心地说说话了。这在以前是不可能的。

我也在后来的日子里取消了对她的特殊照顾，A 没有旷一节课，也不再到我这里来哭鼻子了。初二学年结束，A 的语文和科学还取得了及格的成绩。期末家访时，她信心满满地说了自己的中考目标。

初三，她已与其他同学打成一片了。

我真为她感到高兴。高兴之余，我不禁感叹，学生的问题，往往与家庭、班级有关。任何一个环节教育不力或不当，都可能出现教育问题。班主任只有把班级变成有凝聚力的温暖集体，优化育人小环境，才能避免学生受到伤害。我们要相信学生，给学生成长的空间和时间。教育是慢的艺术，需要耐心等待。等待，意味着对孩子的信任，等待的过程实际上是暗示学生认识自我的过程。学生的聪慧悟性、灵敏直觉、丰富情感、健康人格、良好个性，往往是在等待中得以显现的。使学生获得自我了解和生命的觉醒，教师的智慧和伟大就在于此。

>>> 赵志民　浙江省杭州市萧山区闻堰镇初级中学

图书在版编目（CIP）数据

更好的心理健康课 / 赵福江主编. --上海：上海教育出版社，2021.8（2023.3 重印）
ISBN 978-7-5720-1106-1

Ⅰ. ①更… Ⅱ. ①赵… Ⅲ. ①心理健康—健康教育—中小学—教学参考资料 Ⅳ. ①G444

中国版本图书馆 CIP 数据核字（2021）第 158941 号

策　　划　源创图书
责任编辑　董　洪
特约编辑　李热爱　张万珠
责任印制　梁燕青
装帧设计　许　扬

Geng Hao De Xinli Jiankang Ke
更好的心理健康课
赵福江　主编

出版发行　上海教育出版社有限公司
官　　网　www.seph.com.cn
地　　址　上海市闵行区号景路159弄C座
邮　　编　201101
印　　刷　北京华宇信诺印刷有限公司
开　　本　710×1000　1/16　印张　13.25　插页　1
字　　数　195 千字
版　　次　2021 年 9 月第 1 版
印　　次　2023 年 3 月第 2 次印刷
印　　数　6,001—9,000 本
书　　号　ISBN 978-7-5720-1106-1/G · 0865
定　　价　58.00元

如发现质量问题，请向本社调换　电话 021-64373213